笃 行

——广州社区矫正社会工作的探索与实践

吴 娟 白冬红 主编

中国社会出版社
国家一级出版社·全国百佳图书出版单位

图书在版编目（CIP）数据

笃行 ：广州社区矫正社会工作的探索与实践 / 吴娟，白冬红主编．— 北京 ：中国社会出版社，2024．6．
ISBN 978-7-5087-7057-4

Ⅰ．D927.651.674

中国国家版本馆 CIP 数据核字第 2024DE2557 号

笃行：广州社区矫正社会工作的探索与实践

出 版 人：程　伟
终 审 人：郑双梅
责任编辑：秦　健
策划编辑：秦　健
装帧设计：时　捷
出版发行：中国社会出版社
（北京市西城区二龙路甲 33 号　邮编 100032）
印刷装订：河北鑫兆源印刷有限公司
版　　次：2024 年 6 月第 1 版
印　　次：2024 年 6 月第 1 次印刷
开　　本：170mm × 240mm　1/16
字　　数：230 千字
印　　张：14.25
定　　价：48.00 元

编 委 会

序一

吸纳与转变

——对广州社区矫正社会工作发展历程的一点感悟

21世纪以来，我国开始试点社区矫正，期间始终面临着如何坚持和完善中国特色社会主义司法行政体制，努力实现平安中国建设和社会治理现代化的改革任务。作为改革开放排头兵的广州市，在司法矫正领域引入现代社会工作专业方法虽不是最早，但其发展步骤之扎实和发展势头之蓬勃令人振奋。我曾经在中国政法大学社会学院社会工作系教授司法社会工作课程，并参与组建中国社会工作教育协会司法社会工作专委会，积极推动司法矫正领域的专业化。对广州的社区矫正社会工作，我虽然没有参与整个发展过程，但是长期跟踪普爱社会工作服务社的番禺区社区矫正项目，与一线司法社工们一起交流讨论，也算是扎根基层了解微观实践。这次有机会与广州普爱的社工小伙伴一起承接广州市司法局的社区矫正社会工作回顾性总结项目，也算是弥补了对广州市社区矫正总体情况了解不够全面的缺憾。借此机会，谈谈我对广州市社区矫正社会工作发展历程的一点看法。

广州司法矫正领域引入社会工作的起点非常高，凭借大湾区的区位优势，广州市司法局在引入专业社会工作时，一开始就将它纳入整个社会管理体制改革，在建设平安广州、法治广州的大背景下，推动社区矫正工作的法治化、职业化、专业化和本土化。也就是说，广州市司法局引入专业社会工作并不仅仅是为了借用社会力量来弥补自身工作人员不足，而是吸纳新的专业方法，来推动社区矫正工作体系的现代转型。为此，广州市司法局通过考察我国香港地区的现代社区矫正专业理念和方法，从指导思想、组织结构、专业技术、项目化运作机制、驻所工作机制和绩效考评机制等方面着手构建自身的社区矫正体系，切实落实党的十八大以来有关社会治理体系和治理能力现代化的指导思想。从2006年开始试点，2009年大力推动，经过10多年的发展，如今广州市的社区矫正社会工作体系已经实现了服务专业化、矫正精准化、建设规范化、队伍本土化、视野国际化，做到了市、区、街道三级体系既坚持全市“一盘棋”，又鼓励各区街“百花齐放”的统筹协调发展。

回顾广州市社区矫正社会工作的发展历程，之所以在短短的10多年的时间快速发展并取得了巨大成就，我认为主要是因为做到了习近平总书记强调的“守正创新”的改革发展思路，既坚持平安广州、法治广州的总体安全观，又不断通过运行机制、工作机制和考评机制创新，来推动广州市社区矫正工作体系的现代转型。具体而言，我认为广州市社区矫正社会工作有如下几点值得肯定和学习。

第一，能够始终坚持党建引领，围绕平安广州、法治广州这个大局积极稳妥地推动社区矫正社会工作的探索与发展。党的二十大报告指出，中国式现代化的本质要求是坚持中国共产党的领导、坚持中国特色社会主义，实现高质量发展，要积极推进国家安全体系和能力现代化，坚决维护国家安全和社会稳定。广州市在探索和发展社区矫正社会工作专业化时，始终坚持党建引领，做到了平安广州、法治广州，通过基层社会治理创新实现国家安全和社会稳定。

第二，能够做到吸纳专业力量与内部协同转型的社区矫正工作体系的辩证发展模式，体现了党的二十大提出的“守正创新”精神。当前，我国的社区矫正总体上依靠司法行政体系来开展工作，虽然各地县、区层面都建立了社区矫正执法中心，形成了行政执法和社会帮扶相结合的专职、兼职工作体系。但是，这个工作模式始终面临着社区矫正的执法模式与矫正效果的内在张力以及执法模式与强制手段合法性的不均衡问题。这涉及对社区矫正属性的理解问题。司法行政界流行刑罚执行的观念，强调社区矫正执法的权威性和强制性，而法律界和社会工作界则主张刑事司法的社会化、专业化改革思路，通过康复性司法和恢复性司法来推动刑罚执行的社会化与人道化。其实，新中国成立之后的矫正实践，本来就强调社会化的劳动改造，"枫桥经验"也正是通过社区帮教的模式来改造当年的"四类分子"。今天，我们探索发展社区矫正，其实是把国际通行的康复性司法和恢复性司法改革措施，与我国本土的社区帮教模式相结合，走出一条既坚守社会主义帮扶教育的正统，又能接续国际上流行的专业化改造矫正对象的创新发展道路。所以，未来的社区矫正一定是行政执法是底线、教育帮扶是核心，通过专业化实现社会化动员的矫正模式。在这方面，广州的社区矫正社会工作提供了可借鉴的经验。

第三，能够兼顾项目化机制的灵活性与长期合作伙伴的稳定性，不断探索体制内外良性互动的运行机制。进入21世纪以来，我国公共管理改革的基本思路是新公共管理思路，也就是通过市场化、项目化运作来改变科层制结构的僵硬模式。然而，新公共管理的项目化运行机制比较适合那些非专业的一般商品和服务供给，不太适合专业化服务和社区治理事务。这正是当前我国在社会服务和城市基层社区治理中出现新问题的根源，引入新公共管理手段，本来是为了增加灵活性和高效率，但是因为过度强调竞争和效率，忽视了专业自治和社区自治属性，导致在社会服务和基层社区治理事务中出现了短期化、形式化、表面化等问题。面对这类问题，不是要重新回到僵化的行政体制运行模式，而是要探索解决导致项目运作短期化、形式化和表面化等具体问题的思路。之所以导致这些问题，主要是因为项目周期短、商业化的竞标机制和产出导向的考核指标体系。因此，解决问题的思路不是回到僵硬的科层体制，而是承认社会服务的专业性，由商业竞争关系转为合作伙伴关系，由短期项目转为中长期项目，由产出指标改为效果和影响考核。我们看到，广州市的政府购买项目正在朝着专业化合作伙伴方向演变，也希望在未来能够真正探索出体制内外良性互动的合作伙伴关系。

总之，面对这本新鲜出炉的广州市社区矫正社会工作探索与发展历程的回顾之作，你能看到广州市社区矫正社会工作鲜活的经验与坚实的步伐。广州市的社区矫正社会工作有其地方特色和地域优势，它虽然不能代表整个中国社区矫正改革发展历程，但是对沿海发达地区的社区矫正工作的改革发展一定有借鉴意义和参考价值。在此付梓之际，我愿意就我所知、所想表达出来，与大家共享，愿广州市社区矫正社会工作能够行稳致远，愿中国社区矫正体系能够突破发展瓶颈，迈向成熟和完善的发展阶段。

郭伟和
中央民族大学民族学与社会学学院　教授
中国社会工作教育协会社会工作理论研究专委会　主任
2024 年 2 月 4 日立春之日

序二

刑事政策一体化思路下社区矫正工作的有益探索

非常欣喜地看到广州社区矫正社会工作探索和实践的成果。广州司法行政系统在普爱社工等社会工作机构的参与下，努力贯彻落实刑法改革措施和社区矫正制度，通过引入专业社会工作力量，努力提升社区矫正效果，提升平安广州和法治广州的建设质量，助推国家治理体系和治理能力的现代化。通过阅读《笃行——广州社区矫正社会工作的探索与实践》，广州社区矫正社会工作体系给我如下三点突出印象。

一、广州市的社区矫正体系初步形成了广州特色的社区矫正实践模式

社区矫正的广州模式概括起来就是，市局统筹、区局负责、街所落实、法治保障、专业提质、科技支撑。如何贯彻落实刑法修正案和社区矫正制度，目前各地都在结合各地的经济、社会发展情况探索不同的实践模式。广州作为大湾区经济发达城市，无论是经济发展水平，还是社会组织体系发育程度，都走在了全国前列。因此，广州的社区矫正实践模式充分体现了刑法改革和社区矫正制度的严谨性与社会力量的专业、科技手段的灵活性的结合。

社区矫正试点之初，由于我国社会工作参与社区矫正的实务研究在国内较为欠缺，社会工作专业理念、专业方法以及专业实践的不足，使得此方面的实务研究也同步欠缺。

本书对广州市社区矫正社会工作的本土实践进行了总结提炼，丰富了

《中华人民共和国社区矫正法》出台后的社区矫正社会工作实务研究。

二、广州社区矫正体系实践模式的探索符合刑法改革的基本思路

我国刑法改革的基本方向是刑事一体化和行刑社会化，注重司法公正和矫治效果。但是如何在确保平安中国建设前提下，落实行刑社会化并不是一件容易的事情，需要有完整的社会治理体系来辅助司法体系落实行刑社会化过程的一些具体措施。广州司法行政系统充分利用广州市的经济社会发展成就，调动社会力量补充司法行政的不足，形成了一体化、社会化的矫正体系。

本书展现了广州司法行政系统如何引入社会力量参与社区矫正工作，补充了司法行政系统力量，形成了社会化的共建共治的一体化刑事司法体系，助推社区矫正工作高质量发展。

三、广州社区矫正体系的实践模式有助于中国社区矫正的职业化、专业化进程

2003 年 7 月，我国开始试行社区矫正制度，司法社区矫正工作始终面临着职业化、专业化的压力。如何突破司法行政体系力量薄弱、行政化思维等限制，引入专业力量，形成一支职业化和专业化的社区矫正队伍仍然是中国社区矫正制度建设的应有之义。

2020 年 7 月开始实施的《中华人民共和国社区矫正法》虽然明确了社区矫正的组织体系，但是主要把职业化定位在执法层面。如何通过专业化提升矫正效果，降低解矫之后的再犯风险，对我国社区矫正制度的推广仍然是个挑战和考验。在相当长的一段时间，我国司法社会工作的开展，大部分实行购买社会工作项目/服务的形式，将社会工作者嵌入司法行政部门、基层司法行政单位中开展工作，在体制内增设专职司法社会工作岗位的做法相对较少。

广州市通过购买司法社会工作服务，把专业力量引入社区矫正体系，和上海市通过与新航社会组织体系合作开展社区矫正的做法，具有异曲同工之妙。无论是通过购买服务机制，还是与特定社会组织合作开展社区矫正，都是一种引入专业社会力量参与社区矫正，促进社区矫正专业化的策略，都突破了仅仅依靠行政执法进行社区矫正的传统模式。

全书以服务专业化为抓手，系统地展示了广州地区社会工作的服务成效，且逻辑清晰地呈现了社会工作服务的直接成效和间接成效。作为直接成效，矫正社会工作促进社区矫正对象个体的正向转变，促进社区矫正对象的社会融入。作为间接成效，矫正社会工作促进广州社区矫正工作的专业化，对平安广州、法治广州的建设作出了积极贡献。

作为推动我国社区矫正试点工作的亲历一员，非常有幸能够先睹为快，是为序。

鲁　兰

中华人民共和国司法部预防犯罪研究所原研究员、教授

2024 年 3 月

主编手记

社区矫正工作中的柔性力量

社区矫正是深化司法体制改革和社会体制改革的重要内容，是法治中国建设的重要方面。作为改革开放的排头兵，广州在发展建设中历来敢闯敢试、敢为人先。2009 年，广州市司法局就以其前瞻性视野和创新精神，积极探索社会工作参与社区矫正的可能性和新发展。10 多年来，广州市司法局以政府向社会力量购买服务的创新公共服务提供方式，将社会工作的专业理念和方法引入社区矫正工作领域，实现“刚性执法”与“柔性帮扶”的和谐统一，不断推动社区矫正工作提质增效。

在社会工作介入社区矫正的过程中，司法社会工作者秉持“接纳”“尊重”“平等”“自助”的专业价值观，从入矫时的心理疏导，到矫正期的精准帮扶，以及解矫后的暖心关怀，全流程陪伴社区矫正对象，给予他们温暖和力量，为他们带来新生和希望。社会工作者的参与犹如一道暖心的柔光，赋予社区矫正工作“人情味”，更以专业的社会工作理念和方法，提供了一种更具包容性和恢复性的矫治方式。司法社会工作者运用社会工作理论知识和专业方法技巧，可为社区矫正对象及其家人提供心理辅导、行为矫正、思想教育、信息咨询、就业培训、生活照顾以及改善其周围社会环境等方面的服务，提供人文关怀和个性化支持，帮助社区矫正对象消除犯罪心理结构，挖掘潜能重塑自我，增强社会责任感，推动他们顺利融入社会。我们欣喜地看到，通过社会工作的介入，社区矫正由单纯的制度执行转变为促进社区矫正对象个人转变和社区接纳的有效途径，社会工作介入社区矫正的积极作用已逐步显现。

2024年，是司法部联合多部门印发《关于组织社会力量参与社区矫正工作的意见》的第十个年头。为了更好地总结回顾社会工作参与广州社区矫正的服务历程，在广州市司法局的信任委托和支持指导下，我带领团队编撰了《笃行——广州社区矫正社会工作的探索与实践》。本书不仅梳理了广州市司法局推动社区矫正社会工作的发展历程及取得的主要工作成效，描述了社会工作者在社区矫正执法工作中的角色功能，更提炼了具有鲜明特色的社区矫正社会工作“广州模式”。作为本书的主编，我深感荣幸能引领读者走进广州市司法局在社区矫正领域所进行的革新之路，共同见证社会工作者以其专业力量，为社区矫正对象的社会融合绘制富有温度和实效的画卷。

此书的编撰完成，要特别感谢本书的总顾问郭伟和教授给予的专业指导。该书的出版不仅是为了呈现广州社区矫正社会工作的实践样貌，更希望能够促进相关从业人员对社区矫正社会工作未来发展的思考与探索。

本书的编写团队虽从事社区矫正社会工作服务多年，但在梳理总结这段实践历程时难免会有所遗漏或偏颇，我们真诚地希望读者能够对本书的疏漏及不足之处予以批评指正，并提出宝贵意见。衷心感谢！

吴 娟

2024年5月20日于广州

目　录

第一章　广州社区矫正社会工作发展概述 …………………………（001）
第一节　初始探索阶段（2009—2014 年） ……………………（005）
一、探索期的政策背景 ……………………………………（005）
二、探索期的主要经验做法 ………………………………（009）
第二节　深入发展阶段（2015—2022 年） ……………………（013）
一、标志性事件 ……………………………………………（013）
二、深入发展期的主要经验做法 …………………………（019）

第二章　广州社区矫正社会工作服务成效 …………………………（025）
第一节　社区矫正社会工作服务的直接成效 …………………（027）
一、促进社区矫正对象个体的正向转变 …………………（027）
二、促进社区矫正对象的社会融入 ………………………（039）
第二节　社区矫正社会工作服务的间接成效 …………………（044）
一、促进广州社区矫正工作的专业化 ……………………（044）
二、对平安广州、法治广州的贡献 ………………………（048）

第三章　社区矫正社会工作“广州模式”的内容及特点 …………（053）
第一节　社区矫正社会工作“广州模式”的主要内容 …………（055）
一、服务专业化 ……………………………………………（055）
二、矫正精准化 ……………………………………………（081）

三、建设规范化 …………………………………………………… (105)
四、队伍本土化 …………………………………………………… (129)
五、视野国际化 …………………………………………………… (136)
第二节　社区矫正社会工作"广州模式"的主要特点 ……………… (141)
一、"一盘棋"——市司法局统筹保障 ………………………… (141)
二、"项目化"——市区两级项目高质量发展 ………………… (143)
三、"刚柔并济"——矫正与帮扶并重 ………………………… (148)
四、"百花齐放"——打造区域教育帮扶品牌 ………………… (151)

第四章　广州社区矫正社会工作的反思与展望 ……………………… (177)
第一节　广州社区矫正社会工作发展的核心点、聚焦点和落脚点 …………………………………………………… (179)
第二节　广州社区矫正社会工作发展存在的问题及改善建议 …… (182)
一、政府采购机制存在完善空间 ………………………………… (182)
二、司法社工队伍建设有待加强 ………………………………… (185)
第三节　新时代广州社区矫正社会工作发展展望 ……………… (188)

参考文献 …………………………………………………………… (192)
附　录　部分社区矫正社会工作相关法律及规范性文件摘录 …… (198)
后　记 …………………………………………………………… (211)

第一章

广州社区矫正社会工作发展概述

习近平总书记在党的二十大报告中提出“完善社会治理体系。健全共建共治共享的社会治理制度，提升社会治理效能……建设人人有责、人人尽责、人人享有的社会治理共同体”，这为新时代社会治理机制创新和体系完善指明了方向。

广州这座有着2000多年历史的国家重要中心城市，是我国改革开放的前沿地和法治文明的排头兵，也是我国社区矫正工作的示范地。它以敢为人先的精神，走出了一条富有特色的社区矫正社会工作之路。2006年，广州开展社区矫正工作试点；2009年，中共广州市委、广州市人民政府出台《关于学习借鉴香港先进经验推进社会管理改革先行先试的意见》（穗字〔2009〕13号），要求建立新型社会管理服务体制，加快司法社工队伍的建设。广州市司法局积极响应，先后两次组织团队前往香港地区学习交流，探索将社会工作的理念和方法引入社区矫正工作，并着手培育司法社工组织和人才队伍，指导成立行业协会——广州市司法矫治协会。2015年，广州市司法局印发《广州市司法社会工作项目体系建设实施方案》（穗司发〔2015〕17号），推动社区矫正社会工作法治化、职业化、专业化、本土化的发展，制定全市统一的社区矫正社会工作八大项服务内容，积极引导各区司法局、各承办机构创新特色服务。2021年，广州市司法局印发《广州市司法社会工作服务项目评估办法》（穗司规字〔2021〕1号），确立市区两级司法社工项目督导巡查和评估制度，确保财政资金使用效益。清晰界定购买方和服务方的权责及司法社工的角色定位，确保“监督管理”和“教育帮扶”这两大社区矫正工作任务落到实处，补充了广州社区矫正队伍的力量，促使广州社区矫正对象再犯罪率长期保持较低水平，社区矫正监管秩序持续安全稳定，为建设平安广州、法治广州作出了积极贡献。

广州社区矫正社会工作的发展及其模式探索，经历了不断调整和借鉴优化的过程。郭伟和、梁愉冰在《社会管理创新的基层探索——来自北京市大兴区社区矫正的专业化实验研究》一文中指出①，中国社区矫正实践具有代表性的模式有“上海模式”“北京模式”“深圳模式”。② 2002 年上海市开始的社区矫正的试点工作从一开始就引入社会力量承担这一司法行政任务。北京从 2003 年开始利用现有的基层司法行政和社区组织等社会力量继续强化其行政主导模式。深圳则伴随着 2006 年之后的政府购买社会组织服务，开始探索社区矫正的政府购买服务模式。3 个地方分别代表了我国社区矫正三种不同的发展路径。

与以上三种模式相比较，社区矫正社会工作“广州模式”在具体实施中呈现出符合广州实际的特点，由广州市司法局发挥重要的统筹和指导作用。包括先行先试牵头学习借鉴香港地区先进经验；推动制定相关政策文件，为政府购买社工服务提供政策保障；发挥监督管理行政职能，指导全市社区矫正社会工作规范发展等。同时，“广州模式”由市司法局、区司法局和街镇司法所作为购买主体向社工机构采购司法社工服务，也更加强调社区矫正部门与社工机构的配合，发挥社工机构项目化管理的作用，探索如何将社会工作的专业手法和理念运用到社区矫正对象的教育矫正中。经过 10 余年的实践，广州社区矫正社会工作取得了显著成效，实现了社区矫正机构刚性执法和司法社工柔性服务的有机结合，逐渐形成了“党委引领、政府主导、社工参与、社会协同”的实践格局，建立了司法社工力量嵌入社区矫正工作队伍，社会工作专业方法嵌入社区矫正教育帮扶的双

---

① 郭伟和，梁愉冰．社会管理创新的基层探索：来自北京市大兴区社区矫正的专业化实验研究［J］．国家行政学院学报，2013（2）：91-95.

② “北京模式”这一概念出自 2004 年 6 月北京市社区矫正工作试点一周年的交流研讨会上，司法部副部长胡泽君在会上将北京市的社区矫正工作做法称为“北京模式”。

“嵌入”[①] 广州模式，助推了广州社区矫正工作高质量发展。

第一节　初始探索阶段（2009—2014 年）

广州社区矫正工作在我国宏观制度的变革下得以不断发展，是我国社区矫正制度改革以及社会治理体系创新发展的重要组成部分，取得的发展成果离不开相关政策、法规的支持。在我国矫正制度的变革与发展下，广州市在 2006 年开始社区矫正试点，在 2009 年尝试引入司法社工参与社区矫正工作，2009—2014 年属于广州社区矫正社会工作初始探索阶段，经历了司法社工组织从无到有、司法社工项目从调研论证到市、区不同层面试点的过程。

一、探索期的政策背景

（一）我国社区矫正制度的变革与发展

在我国，长期以来针对违法犯罪人员基本上是实行封闭性的矫正模式——通过监禁刑罚进行的矫正。然而有限资源的监狱并不能承受超负荷的犯罪，加之监狱的矫正形式较为单一，矫正效果往往不尽如人意。由此，我国社区矫正便在时代的发展和变革中诞生。2002 年 8 月，北京在密云县，上海在普陀区曹杨街道、徐汇区斜土街道、闸北区宝山街道，启动社区矫正试点。2003 年 7 月，在京津沪江浙鲁 6 个省市开展社区矫正的首批试点。2005 年 1 月，增加河北、内蒙古、黑龙江、安徽、湖北、湖南、广东、广西、海南、四川、贵州、重庆 12 个省、自治区、直辖市作为第二批社区矫正试点。[②]

---

① 王思斌，阮曾媛琪．和谐社会建设背景下中国社会工作的发展［J］．中国社会科学，2009（5）：128-140+207.

② 王铤，等．中加社区矫正概览［M］．北京：法律出版社，2008：6.

2006 年 3 月，中共广州市委政法委批准成立了广州市社区矫正试点工作领导小组（以下简称试点小组）。9 月，试点小组印发了《广州市社区矫正试点工作方案》并制定了《广州市社区矫正试点工作实施细则（试行）》。其中，《广州市社区矫正试点工作方案》的第六点“工作队伍”内容中，首次明确了司法社工的任务和职责，为社区矫正社会工作的开展提供了依据。2009 年 3 月，广州市司法局指导创办了首家社区矫正社会工作组织——广州市尚善社会服务中心。①

2009 年 9 月，最高人民法院、最高人民检察院、公安部、司法部出台了《关于在全国试行社区矫正工作的意见》（司发通〔2009〕169 号），社区矫正试点工作在全国范围内开展，意见同时强调“充分利用社会力量有针对性地对其实施矫正，促进其顺利回归和融入社会”。2010 年 5 月，广州市中级人民法院、广州市人民检察院、广州市公安局、广州市司法局联合发布了《关于在全市全面试行社区矫正工作的实施意见》，标志着社区矫正制度在广州市全面铺开。2010 年 6 月，广州市荔湾区成立全市第二家社区矫正社会工作组织——广州市荔湾区友善社会服务中心。

2011 年 2 月，第十一届全国人大常委会第十九次会议审议通过了《中华人民共和国刑法修正案（八）》，明确规定了对判处管制、缓刑以及假释的罪犯实行社区矫正。② 这一重要修正案的通过，使得社区矫正正式成为《中华人民共和国刑法》的一部分，为开展社区矫正工作提供了强有力的法律依据。

2012 年 1 月，最高人民法院、最高人民检察院、公安部、司法部联合印发了《社区矫正实施办法》，随着该办法的出台，社区矫正工作在国内得到了全面的推动和发展。该办法第三条第三款规定：“社会工作者和志愿者在社区矫正机构的组织指导下参与社区矫正工作。”广州市社区矫正

---

① 李沃生，林春媚．广州市社区矫正试点工作的主要经验［J］．法治论坛，2008（4）：1-10.

② 张凯．中国大陆地区社区矫正制度研究［D］．重庆：西南政法大学，2018.

社会工作项目开始在市、区两级层面逐步试点。

（二）司法社工参与社区矫正工作的政策依据

2003 年，社区矫正这一概念首次在《关于开展社区矫正试点工作的通知》中得到详细准确的定义。[①] 该制度旨在将符合特定条件的罪犯安置在社区，由专门的国家机关和社会力量共同协助，对其进行犯罪心理和行为恶习的矫正，以促进其回归社会。这一制度不仅强调了刑罚执行的严肃性，同时也强调了刑罚执行社会化和专业化的方向。

2006 年，党的十六届六中全会作出的《中共中央关于构建社会主义和谐社会若干重大问题的决定》，提出要“建设宏大的社会工作人才队伍”。该决定指出，要建立健全以培养、评价、使用、激励为主要内容的政策措施和制度保障，确定职业规范和从业标准，加强专业培训，提高社会工作人员职业素质和专业水平。制定人才培养规划，加快高等院校社会工作人才培养体系建设，抓紧培养大批社会工作急需的各类专门人才。同时，配备社会工作专门人员以充实公共服务和社会管理部门，完善社会工作岗位设置，通过多种渠道吸纳社会工作人才，提高专业化社会服务水平。

2011 年，《中共广东省委 广东省人民政府关于加强社会建设的决定》（粤发〔2011〕17 号）提出：“建立社会组织负责人管理、资金管理、年度检查、重大活动报告、信息披露、诚信奖励、查处退出等制度，完善内部治理结构，健全诚信自律机制。建立健全异地社团和涉外社会组织管理机制……”推进政社分开、管办分离，鼓励各种社会组织参与公共服务。围绕城乡居民基本生活服务需求，引导社会组织提供多层次、多样化社会公益服务，推行政府向社会组织购买公益服务项目。

2012 年，广东省人民政府办公厅发布的《政府向社会组织购买服务暂行办法》（粤府办〔2012〕48 号），规定各级财政部门应会同有关部门根据本地区经济社会发展水平、政府转移职能要求、党委和政府中心工作及

① 李旭．论社区矫正制度在我国的发展与完善［D］．青岛：中国海洋大学，2011.

财力水平等因素，按照本办法规定的购买服务范围，并区分各购买主体相同购买服务需求和履行本部门职责所需的特殊购买服务需求，突出重点，拟订本级政府每年度向社会组织购买服务目录，报同级政府批准后实施。政府向社会购买服务目录应按规定向社会公布，并可根据实际进行调整。

2013 年，国务院办公厅印发《关于政府向社会力量购买服务的指导意见》，要求充分认识政府向社会力量购买服务的重要性。实践证明，推行政府向社会力量购买服务是创新公共服务提供方式、加快服务业发展、引导有效需求的重要途径，对于深化社会领域改革，推动政府职能转变，整合利用社会资源，增强公众参与意识，激发经济社会活力，增加公共服务供给，提高公共服务水平和效率，都具有重要意义。地方各级人民政府要结合当地经济社会发展状况和人民群众的实际需求，因地制宜、积极稳妥地推进政府向社会力量购买服务工作，不断创新和完善公共服务供给模式，加快建设服务型政府。

2013 年，党的十八届三中全会作出的《中共中央关于全面深化改革若干重大问题的决定》，提出“正确处理政府和社会关系，加快实施政社分开，推进社会组织明确权责、依法自治、发挥作用。适合由社会组织提供的公共服务和解决的事项，交由社会组织承担”，以及“健全社区矫正制度”，进一步明确社工组织建设的方向，有力地推动社会工作包括社区矫正社会工作的健康发展。

2014 年，《司法部 中央综治办 教育部 民政部 财政部 人力资源社会保障部关于组织社会力量参与社区矫正工作的意见》，要求充分认识社会力量参与社区矫正工作的重要性，进一步鼓励引导社会力量参与社区矫正工作，引导政府向社会力量购买社区矫正社会工作服务。司法行政部门、民政部门可根据职责分工，按照有利于转变政府职能、有利于降低服务成本、有利于提升服务质量和资金效益的原则，公开择优向社会力量购买社区矫正社会工作服务。要明确购买服务的数量、质量要求以及服务期限、资金支付方式、违约责任等，加强购买服务资金管理，指导督促服务承接机构履行合同义务，保证服务数量、质量和效果。

以上政策文件的陆续出台，体现了国家支持社会力量参与社会治理的决心，也为广州将社会工作引入社区矫正提供了依据。广州社区矫正社会工作逐步开启了从无到有的探索阶段。

二、探索期的主要经验做法

探索期广州社区矫正社会工作的发展主要面临缺少专门的司法社工组织，司法社工项目的内容设置缺少经验，社区矫正工作人员针对社区矫正对象的矫正手法较为单一，专业性不足等问题。因此，探索期广州社区矫正社会工作的发展主要以回应和解决以上问题为方向。

（一）培育司法社工组织

根据广州市社区矫正试点工作领导小组 2006 年印发的《广州市社区矫正试点工作方案》，广州市司法局于 2009 年 3 月指导创办了广州市尚善社会服务中心，2010 年 6 月成立了广州市荔湾区友善社会服务中心，之后越秀区、海珠区、天河区司法局均开始以政府购买服务的方式委托社会组织承接社区矫正矫治帮扶服务。其中，尚善中心由司法社工对社区矫正对象开展矫治帮扶服务，对社区矫正对象进行释前辅导、释中衔接、释后帮教，为违法犯罪高危未成年人提供犯罪预防服务三大项目。友善中心的司法社工在对全区社区矫正对象开展教育矫治、适应性帮扶及个案跟进服务等方面发挥了较好作用。其他区委托综合性社工组织开展的个案服务，也取得了积极的成效。

邀请国内高校、社会服务机构的专家学者、资深社工，举办培训班，为全市司法社工进行定期培训，提升司法社工队伍的整体素质。同时，在总结历年司法社工项目实践经验的基础上，广州市司法局编写出版了《社区矫正专业方法应用指南》[①]，内容涵盖犯罪心理学、个案工作及个案管理模式、危险程度及需求因素评估、动机强化晤谈法、认知行为介入法等，力求在犯罪行为心理学的基础上，详细介绍一些已经被科学研究证实具有实际效果、在国内外领先的专业矫治方法，将经验提升到理论的层面，并组织全市司法社工、志愿者进行专业培训，使司法社工的专业知识更系统、更完整。

（二）推行司法社工项目

社会组织参与社区矫正工作主要通过承办政府采购项目的方式进行。自2010年以来，广州市司法局试点推行了各类司法社工项目，不仅以政府采购形式规范了服务承接程序，明确购买方和承办方的责任和义务，还通过多种类别和形式的服务采购试点鼓励推动司法社工介入社区矫正社会工作的探索、实验和评估，从实践中积累经验，进而反馈调整，为后续全市的司法社工项目的铺开和推广打下坚实基础。项目包括市中级人民法院少年庭司法社工项目、石牌街社区矫正社工项目、释前辅导项目、认知行为介入项目、“一对一”志愿者项目、职业技术学校预防犯罪项目、战略研究及培训项目等。其中，石牌街社区矫正社工项目通过为石牌街辖内社区矫正对象提供社会工作辅导，通过提供专业化辅导，推动社区矫正工作的开展，提升社区矫正的矫治效果；释前辅导项目通过定期进入广州各强制隔离戒毒所及广东省未成年犯管教所，由相关管理机构提供介入对象的名单并办理出入证件，由社工为即将释放的广州户籍学员和服刑人员进行心理辅导和出所辅导，帮助其做好回归社会的心理准备，并在劳教学员和服刑人员解教（释放）之后，继续进行回归社会辅导。“一对一”志愿者项目主要通过评估、配对，组织志愿者与未成年社区矫正对象或边缘青少年建立长期的一对一或四人小组，为服务对象提供有质量、高密度的支持和陪伴，尽量协助其取得身心全面发展、改善学业表现与家庭关系，同时由

---

① 陈春安．社区矫正专业方法应用指南［M］．北京：法律出版社，2012.

社工提供培训、支持和管理，从而促进服务对象与志愿者的共同成长，一起步入更美好的人生道路。其核心在于建立一段平等、持久、有效互动的关系，激发青少年的潜能，促进全面发展。

此外，各区司法局层面也进行了司法社工项目的采购试点。白云区社区矫正对象心理评估及矫治项目，为社区矫正对象提供专业的心理矫治服务，帮助他们解决适应社会过程中遇到的各种心理问题，自觉抑制不良的心理冲动，提高适应社会的能力；天河区社区矫正对象教育与矫治项目尝试通过改变社区矫正对象的思维方式，增强其社交和解决问题的能力来帮助他们避免重新犯罪；花都区社区矫正对象认知行为矫治项目，尝试通过认知行为矫治服务，改变社区矫正对象的反社会人格，改善他们解决问题的技巧，从而有效帮助他们预防重新犯罪。

（三）创新矫正矫治方法

在司法社工项目推进过程中，广州市、区司法局指导各承办机构，大胆探索运用社区矫正专业方法。广州市尚善社会服务中心在认知行为介入项目中，开发认知行为介入辅导课程，22 节课程包括认知改变、社交技巧训练和解决问题技巧训练三大部分，分别以社区矫正对象的反社会人格、社交技巧缺陷及解决问题技巧的缺陷为介入目标，尝试通过改变社区矫正对象的思维方式，增强其社交技巧和解决问题技巧，从而帮助他们避免重新犯罪。具体内容包括积极倾听的技巧，如何询问，如何有效地反馈，如何确认那些使自己产生危险行为的想法，如何使用新的想法取代危险想法，如何控制愤怒情绪，如何了解他人的想法，如何有效地面对和处理问题，等等。越秀区社区矫正矫治与帮扶项目，根据越秀区社区矫正工作实际，运用社会工作专业知识和技能，整合社会资源，开展多维度矫治帮扶服务。一是开展心理矫正服务，运用社会工作专业方法，与服务对象建立专业关系，帮助服务对象解决家庭、社交、心理、情绪、行为等方面的问题，重新适应社会生活，建立良好的社会支持网络，预防重新犯罪。二是开展思想法治教育服务，重点使用认知行为疗法协助司法所落实社区矫正对象每月不少于 8 小时的教育学习。三是开展社区服务，协助司法所落实社区矫正对象每月不少于 8 小时的社区服务，组织社区矫正对象开展多种形式的社区志愿活动。

番禺区探索“社工站（原家庭综合服务中心）[①] +司法所”的矫正模式。[②] 2012 年起即扎根番禺区社区提供专业社工服务的广州市番禺区普爱社会工作服务社（以下简称普爱社工）社工发现社区矫正对象普遍存在心理、行为、社交等方面的辅导需求，而承担着社区矫正对象日常监管教育工作的基层司法所面临职能多、任务重、人手不足等诸多难题，亟须专业社会力量的介入和支持。经过研究论证，普爱社工认为社区矫正工作中所包含的治疗、感化、塑造等功能与社会工作的专业服务功能相吻合，极适合由专业的社会工作力量提供支持，并且社工也可通过良好的社区矫正社会工作服务成效促进家综“打造和谐幸福社区”这一目标实现。由此普爱社工于 2013 年开启“晨曦”计划，尝试以承接运营的镇街家庭综合服务中心为资源支撑，与其服务所在镇街的司法所开展合作，为番禺区社区矫正工作引入专业社工人才和专业服务手法。普爱社工发现，让社区矫正对象以“志愿者”身份参与形式多样、内容丰富的公益活动，不但能够满足司法所对社区矫正对象 8 小时公益活动的要求，也能激发社区矫正对象的主动性和投入程度。因此普爱社工以番禺区洛浦街司法所为合作试点，专业社工与司法所的合作为社区矫正对象提供了专业化、社会化、科学化的“一站式”矫治与帮扶服务，并逐步形成了“社工站+司法所”的工作模式。2014 年 7 月 2 日，广东省委副书记、省政法委书记、省社工委主任马兴瑞同志到番禺区洛浦街社区矫正矫治与教育实践基地调研社区矫正工作时，多次肯定并赞赏普爱社工开创的“社工站+司法所”合作模式，认为

① 《广州市社工服务站（家庭综合服务中心）管理办法》（穗府办规〔2018〕13 号）。

② 广州市番禺区司法局．关于加强社区矫正工作的建议［EB/OL］．（2014-10-10）［2024-01-17］．http：//www. panyu. gov. cn/zwgk/yajytacl/2014n/2014nta/content/post_ 6462671. html.

“这种创新、双赢的合作模式大有前途，值得推广”，并建议广州各区司法局借鉴学习。

第二节　深入发展阶段（2015—2022 年）

经过 2009—2014 年这六年的探索与积累，广州社区矫正社会工作逐步进入了专业化、规范化、本土化的深入发展阶段。在 2015—2022 年这一阶段，广州社区矫正社会工作的相关政策更加健全、相关制度更加规范，司法社工的角色定位更加清晰，人才培养机制更加科学，同时广州还积极融入大湾区建设，加强与港澳的互动交流，拓宽广州社区矫正社会工作的国际视野。

一、标志性事件

（一）出台《广州市司法社会工作项目体系建设实施方案》和《广州市司法社会工作项目购买服务实施细则》

广州市司法局在国家相关政策的引领下，携手社会力量，推动社区矫正社会工作逐步走向法治化、职业化、专业化、本土化的发展道路。2015 年在广州市司法局的大力推动下，广州市委、市政府审议通过了《广州市司法社会工作项目体系建设实施方案》（穗司发〔2015〕17 号），为司法社工参与社区矫正工作提供了制度保障和经费支持。司法社工项目经费标准需要参照两个数字：一是按照社区矫正对象与社工 20∶1 的比例确认司法社工采购数量，二是每名司法社工的年度采购经费标准为 10 万元（10 万元的经费标准包含工资、业务活动等所有费用，非工资总额）。广州是最早以市政府名义出台社区矫正社会工作相关文件的城市之一。同年，配套文件《广州市司法社会工作项目购买服务实施细则》（穗司发〔2015〕92 号）出台，详细阐述了社区矫正社会工作服务的体系建设和实施步骤，以及购买社区矫正社会工作服务的具体操作规范。这些文件为社区矫正社会工作服务提供了明确的规范指引，规定了司法社工的职责和权益。①

（二）成立广州市司法矫治协会

行业的发展催化了行业协会的诞生，行业的发展需要行业协会的引领和规范。在此背景下，广州市的司法社工行业协会（广州市司法矫治协会）应运而生。2016 年 3 月，根据《广州市司法社会工作项目体系建设实施方案》（穗司发〔2015〕17 号）的文件精神，广州市司法矫治协会正式成立。协会宗旨：秉持社会工作价值和理念，培养司法社工人才队伍，制定行业服务标准，加强行业自律，引领行业发展。协会业务范围：开展司法社会工作理念、方法的教育与宣传；培养司法社工人才队伍；总结广州司法社会工作经验，制定行业指南及服务标准，引领行业发展；协助业务主管单位加强司法社会工作的管理，加强行业自律；承接政府职能转移及购买服务等事项；具体包括但不限于参与对社区矫正对象、监狱服刑人员、戒毒人员等群体的教育帮扶、司法社工培训与继续教育、项目督导与评估等；组织会员活动，处理会员诉求，维护其合法权益；表彰优秀会员；组织开展学习、交流与研讨及项目合作。

（三）试行司法社会工作项目督导巡查工作办法

为进一步推进广州司法社会工作项目体系建设工作，促进规范化、专业化，不断提升项目绩效，2016 年广州市司法局印发了《广州市司法局关于印发司法社会工作项目督导巡查工作办法（试行）的通知》，建立健全广州司法社工项目督导巡查工作机制，强化对市、区项目的制约和监督，指导各区局规范政府购买服务流程，正确定位司法社工的职责和工作内容，推进社区矫正工作创新，推动司法社工项目体系建设和社区矫正工作的深入开展，这标志着广州政府层面对司法社会工作项目的监督管理机制

① 广州市民政局慈善社工处，广州市司法局社区矫正执法处．撑起法网“柔情”：司法社会工作的广州探索［J］．中国社会工作，2019（16）：34-35.

的建立。

（四）制定司法社会工作项目数据报送制度

为加强项目管理，推动项目规范化发展，2017 年广州市司法局指导广州市司法矫治协会制定了广州市司法社会工作项目常态数据上报表并实施全市司法社会工作项目服务数据季度报送制度。在广州市司法社会工作项目常态数据上报表填写指引中，进一步明确了司法社工参与社区矫正的八大任务和司法社会工作项目考核的四大绩效指标。八大任务包括判前社会调查、初始评估、集中教育、社区公益服务、适应性帮扶、就业指导服务、心理矫治和未成年人社矫服务。四大绩效指标如下：数量指标，即社工机构计划/已完成的各类服务的数量；时效指标，即社工机构开展服务的及时程度及效率；社会效益指标，即项目完成后实现的预期效果，如社区矫正对象的认知改变情况、心理和行为的矫正效果以及对其融入社会的改善程度等；满意度指标，即社区矫正对象对社工的满意度情况及购买方、管理方对社工机构的满意度情况。

（五）召开穗港澳社区矫正社会工作研讨会

2017 年 11 月，为深入学习贯彻党的十九大精神，加强社会治理制度建设，完善党委领导、政府负责、社会协同、公众参与、法治保障的社会治理体制，提高社会治理社会化、法治化、智能化、专业化水平，广州市司法局主办了“首届穗港澳社区矫正社会工作研讨会”。研讨会的主题是“社区矫正社会工作的实践、经验与前瞻”，来自穗港澳的业界资深专家分别发表了主旨演讲，并对社区矫正社会工作提出了许多建设性的意见和建议，特别是以创意艺术方式（如戏剧治疗、心理剧治疗、一人一故事剧场等）矫正社区矫正对象的犯罪心理和行为，值得参考和借鉴。研讨会为穗港澳各方搭建了一个良好的交流学习的平台，目的是总结分享社区矫正社会工作经验，共同探讨社区矫正社会工作的新思路、新方法、新模式，推进社区矫正社会工作事业持续发展。①

此后，广州市司法局又先后主办，委托广东省晨曦社会工作服务中心和广州市司法矫治协会承办了第二届（2019 年）、第三届（2021 年）穗港澳社区矫正社会工作研讨会，主题分别是“司法社会工作的新思路、新方法”“非政府组织（社会力量）参与社区矫正工作研究”。穗港澳研讨会的召开既是贯彻落实《中华人民共和国社区矫正法》的重要举措，也是广州积极融入粤港澳大湾区建设的具体体现，不仅深化了穗港澳在社会治理方面的交流与合作，而且有效服务和保障了国家重大战略的实施，充分体现了广州的大局意识和使命担当。

（六）建立社区矫正对象社会心理服务体系

为做好全市社区矫正对象的心理健康状况测评、疏导、矫正和危机干预，2018 年 7 月广州市司法局印发《关于开展全市社区矫正对象社会心理服务体系建设工作的通知》，要求根据个别化的原则，对重点对象制订心理健康干预方案，定期开展访视、教育、心理疏导、危机干预、服务转介等，为社区矫正对象提供个性化的心理健康服务，逐步实现一人一档。

通知规定市社区矫正办负责统筹协调，心理测评机构负责提供专业的心理测评问卷、指导社区矫正对象填写问卷、分析问卷并出具报告，对高危对象进行重点跟踪，并运用专业的方法进行心理疏导、危机干预，将相关情况及档案材料及时移交司法所，各区矫正办及司法所督促社区矫正对象认真填写测评问卷并及时提交，将相关档案材料（包括但不限于问卷、分析报告、访谈记录等）存入社区矫正工作档案。

（七）建立司法社工管理制度

为进一步加强司法社会工作项目管理工作，推进社区矫正工作规范发展，以越秀区司法局为代表，其根据工作实际于 2016 年制定并于 2018 年

---

① 社工中国．首届穗港澳社区矫正社会工作研讨会广州召开［EB/OL］．（2017-12-01）［2024-01-19］．http：//trade. swchina. org/trends/2017/1201/30384. shtml.

修订了《越秀区司法社工管理办法》。办法明确了驻点司法社工的工作职责、权利和义务，人事管理、督导培训以及其他服务和管理规定，理顺项目购买方和承接方在司法社工人事、业务管理方面的权限，建立了司法社工年度考核、日常请销假等规章制度。在派驻越秀区社区矫正中心社工的管理方面，同步制定了《社区矫正中心工作职责》《社区矫正中心工作纪律》等一系列管理规定，对派驻中心的全体工作人员进行严格管理，严肃工作纪律，明晰权责边界和服务要求。

（八）制定司法社工服务指引

经过多年的服务发展，广州市各区司法社会工作项目都积累了较为丰富的实践经验。2016—2018 年，以天河区、番禺区为代表的区司法局及相应的司法社会工作项目承接机构先后制定了司法社工参与社区矫正工作的指引性文件。番禺区司法局和广州市番禺区普爱社会工作服务社制定了《番禺区司法社工项目工作指引》《番禺区司法社工项目服务指引》，将“监管控制”与“教育帮扶”二者双轨推进的概念贯彻其中，践行个别化矫治与社区感化教育并行的服务逻辑，为司法社工的服务开展提出更高水准的执行要求，提供更完善的执行环境指引以及更明确的执行标准，提升了司法社工项目开展的规范性及科学性。天河区司法局和广州市明镜社工服务中心制定天河区司法社工“1121”新入职员工培训手册、天河区司法社工服务项目驻所实务手册，给司法社工较强的服务指导，对服务开展起到了推进和保障作用。

（九）出台《广州市司法社会工作服务项目评估办法》

2021 年 3 月，广州市司法局出台了规范性文件《广州市司法社会工作服务项目评估办法》（穗司规字〔2021〕1 号），为提高财政资金使用绩效，推动广州社区矫正社会工作健康有序发展提供制度保障。评估办法明确了由市级司法行政部门统筹司法社工项目评估工作，并强化了各方主体责任。考虑到司法社工项目的具体工作主要是在司法所开展工作，因此将司法所纳入评估主体，由其协助做好区级司法社会工作项目的日常监管评估工作。此外，评估办法第十五条，关于评估经费也列明“司法社工项目评估费用纳入市级司法行政部门政府购买服务专项经费。购买方、第三方评估机构及其评估人员不得向被评估方另行收取费用”。

（十）实施《广州司法社工评估指标体系（试行版）》

2021 年，配合《广州市司法社会工作服务项目评估办法》，广州市司法矫治协会制定了《广州司法社工评估指标体系（试行版）》并于 2022 年 1 月正式执行。新评估体系主要呈现六大特点：一是加强党建引领作用。加强党建引领服务的思路，引导司法社工项目承接方开展服务工作，深入学习贯彻习近平新时代中国特色社会主义思想，始终坚持把政治建设摆在首位，坚定执行党的政治路线。二是项目评估体系设计的思路变化。新的评估体系以服务成效为评估导向，持续深化服务评估与财务评估联动，优化购买方（区局）及合作方（司法所）的满意度。三是更关注驻所服务开展。新的评估体系增加了到所评估驻所社工服务开展情况，同时，也增加了司法所对社工开展服务满意度分值，这能更全面真实地了解项目运营与服务成效。四是更注重服务成效。新的评估体系细化服务成效评估指标，并科学合理分布服务过程与成效权重，同时在评估时间安排上，也侧重服务过程与成效的评估。五是增强了评估体系对服务开展的指导性。根据购买方（区局）、项目承接机构、司法所和专家学者的意见，优化了评估体系各部分的权重，发挥评估导向作用。六是优化项目评估流程。评估日的上午，由评估团队分为两个小组分别前往不同司法所进行现场评估，下午两组到项目总部会合，听取汇报、查阅资料、开展访谈等，最后进行评估总结反馈。

以上十个重要事件，呈现了深入发展期广州社区矫正社会工作的发展脉络，同时也展示了深入发展期广州社区矫正社会工作逐步走向专业化、规范化和本土化的过程。经过 10 余年的发展，“党委引领、政府主导、社工参与、社会协同”的实践格局，司法社工力量嵌入社区矫正工作队伍，社会工作专业方法嵌入社区矫正教育帮扶的双嵌入“广州模式”逐步形成。

二、深入发展期的主要经验做法

在2015—2022年深入发展阶段，广州市司法局和各区司法局以及司法社工项目承接机构等各责任主体认真履行相应职责，发挥不同层面的角色功能，推动广州社区矫正社会工作的发展。其中，广州市司法局着重推动政策文件落实、购买服务规范、人才队伍建设、监督评估机制建立等；各区司法局着重落实《中华人民共和国社区矫正法》《广州市司法社会工作项目体系建设实施方案》，落实项目采购和招投标过程，制定采购合同等；各司法社工项目承接机构着重执行项目采购合同，保持与购买方、司法所的顺畅沟通，积极链接各种资源，按时完成项目服务指标。

（一）市级层面的主要做法

1. 严格规范政府购买服务流程

为确保引入高质量的社工机构参与社区矫正，广州市司法局指导市、区两级司法社会工作项目均严格按照《中华人民共和国政府采购法》的相关规定，规范司法社工服务政府采购文件和评分标准等，公开招标，确定项目承接机构，确保引入服务能力强、管理严格、满足项目要求的社工机构。同时，为平衡好市场竞争与服务团队稳定之间的关系，鼓励各区司法局尽可能设立较长的服务周期。

2. 积极培育行业组织

成立广州市司法矫治协会，为推动行业规范发展，加强行业自律提供了保障。作为司法社工行业组织，广州市司法矫治协会始终坚持党建引领，严格抓好司法社工行业党组织建设，组织全体司法社工党员开展“不忘初心、牢记使命”主题教育，全面提升司法社工的政治站位和服务能力。同时积极回应承接机构和司法社工的多元需要，搭建沟通交流平台，建立分级分类的培训制度，制定服务指南、评估标准，为司法社工开展专业服务提供规范清晰的指引，推进行业规范管理，推动行业自律。

3. 大力培养专业队伍

一是实行分级培训，提高培训质量。建立集“岗前培训—全员培训—专业培训—考前培训”于一体的培训体系，在培养通才的基础上培育专才，满足服务需求。依托行业协会，每年举办两期全员培训，培训内容既包括社工的专业知识和手法，又包括社区矫正的基本程序和内容。为提升队伍的专业化水平，鼓励司法社工参加社会工作职业水平考试并组织考前动员和培训，提高社工参加考试的积极性和通过率。为了培养本土内部督导人才，确保项目服务水平，组织开展司法社工内部督导培训班。二是联动资源，创新人才培养机制。与广东警官学院、广州大学等合作建设校外实践教学基地，接收高校学生到司法局、司法所及司法社工机构实习，为司法社工队伍提供新鲜血液，同时增强司法社会工作的行业认同感和社会知晓度。

4. 不断完善服务内容

将社会工作的理念和方法科学地引入社区矫正工作，是一个需要不断探索和积累的过程。社区矫正工作的要求和社区矫正对象的需求决定了司法社工的服务内容。一是从个体、家庭和社会层面认真分析社区矫正对象的需求，结合社会工作的特点，广州市司法局设定了全市统一的社区矫正社会工作八项服务内容。二是为贯彻落实党中央关于完善刑罚执行制度、统一刑罚执行体制的决策部署，积极扩大服务范围，组织引导社会力量参与刑罚执行一体化相关工作，为监狱服刑人员提供认知辅导、职业培训、家庭关系辅导等专业服务，帮助他们在获释之后顺利融入社会。三是做好监狱服刑、社区服刑与刑满释放之间的衔接，建立和完善监禁刑和非监禁刑中社会力量参与的长效机制，推动刑罚与教育、管理与矫正、回归与帮扶环节的相互贯通、衔接顺畅，构建科学、规范、统一、高效的司法行政刑罚执行体制。

5. 建立健全项目监督评估机制

监督评估是把控司法社会工作发展方向、保障司法社工项目成效、规范司法社工服务标准的关键一环。为了客观评价项目成效及财政资金使用绩效，一是制定了全市统一的司法社工项目评估标准，并出台《广州市司法社会工作服务项目评估办法》，委托第三方对全市司法社工项目进行中期、末期评估，及时发现问题，督促整改；同时把评估结果与评先评优及承接服务资格挂钩。二是每年两次对全市司法社工项目进行督导巡查，了解派驻司法所的司法社工的服务开展情况，督促区级购买方履行对项目的管理指导职责并全面落实《广州市司法社会工作项目体系建设实施方案》《广州市司法社会工作项目购买服务实施细则》的规定，同时总结和推广司法社会工作经验和做法，发现和解决存在的困难和问题，确保司法社会工作项目的专业化、规范化发展。

（二）各区层面的主要做法

1. 贯彻落实相关文件，支持项目发展

（1）资金支持方面，一是认真贯彻相关文件精神，把购买司法社工项目所需经费纳入本级财政预算；二是根据合同规定按时拨付项目资金；三是尝试探索行之有效的资金监管策略，如南沙区司法局制定了社工工资保障金制度，以备在紧急情况下垫付医疗费及解决劳动纠纷时使用。

（2）专业支持方面，各区司法局关注司法社工的培训、督导和专业成长。其积极与司法所、承接机构协调，保障社工的培训时间；此外指导和把关培训主题，让培训内容更符合社区矫正工作的需要。

（3）资源支持方面，一方面帮助项目协调相关部门和单位，链接服务所需资源；另一方面在工作场地、工作条件方面为项目的顺利开展提供便利，为项目的运营和驻所服务的顺利开展提供基本物质保障。

2. 重视规章制度建设，强化项目监督管理

各区局重视司法社工项目人员管理、工作指引、绩效考核等制度规范的制定，并取得了一定成果。越秀区司法局制定的《越秀区司法社工管理办法》规定了驻点司法社工的工作职责、权利和义务，明确了区局、司法所和承接机构在司法社工人事、业务管理方面的权责边界，有利于项目的顺畅运营。天河区司法局指导制定了《司法社工驻点实务手册》《员工培训制度》等制度规范，对服务开展起到了指导作用。

3. 加强项目沟通，建立常态化沟通机制

各区司法局和司法所、项目承接机构建立了常态化的沟通机制，重视事项的事前沟通、事后反馈以及重点疑难个案的沟通协调。一是区司法局与各司法所、项目承接机构建立了例会沟通机制，保证了三方的顺畅沟通，做到“件件有落实，事事有回响”。二是区司法局通过项目每月服务简报、财务月报表等方式建立服务监测机制，及时把控项目的进度。三是根据具体需求不定期对重点疑难个案进行沟通协调，解决疑难问题。

4. 指导创新服务策略，探索服务模式

结合辖区社区矫正对象特点及辖区资源优势，指导承接机构总结、创新服务策略，探索服务模式。荔湾区司法局指导司法社工项目设计“爱满新航——社区融入计划”等系列服务内容，从个体、家庭、朋辈、社会四个维度出发，构建“家庭为本”特色服务模式。番禺区司法局指导司法社工开展以“回顾·感恩·展望”为主题的解矫集中教育活动。增城区司法局指导项目承接机构在促进社区矫正对象就业、缓解生活困难方面进行了有益探索，并初步形成了“社企联动”的模式，拓宽了社区矫正对象的社会支持网络，增加了就业机会，为社区矫正对象融入社会创造良好的条件。

（三）各承接机构的主要做法

1. 项目管理方面

一是严格履行项目协议，能顺利完成项目指标，保证社区矫正工作的

顺利开展。二是制定了较为完善的管理制度，人力资源管理、服务流程、考核制度、服务对象权益保障等方面得到了切实的加强，保障服务的顺畅开展。三是各承接机构的沟通管理、资源管理等运行情况记录清晰，能体现社区矫正领域的特点。大部分承接机构重视档案管理，资料整理齐全、归档整齐、分类清楚，易于查找。

2. 驻所服务方面

目前，全市司法社工项目基本实现了派驻制（司法社工派驻司法所），驻所社工与司法所的沟通较顺畅，能较好地配合司法所开展社区矫正工作。大部分司法所对驻所社工的工作态度、工作热情，对业务熟悉程度，对开展服务的专业性等方面都非常满意。

3. 服务专业性方面

一是承接机构的服务下沉和服务渗透性较好。司法社工能根据社区矫正社会工作要求开展相关服务，记录较清晰。二是服务目标管理到位，项目进度安排清晰合理，教育学习、社区公益活动、适应性帮扶、服务宣传推广等都制定了具体明确的指标任务。三是服务分层、分类清晰。社工能综合运用初始评估结论及心理测评结果对社区矫正对象进行分类，制订个性化矫正服务方案；按照矫正对象的心理需求、社矫期限、犯罪类型进行分层，并在分类分层基础上针对特殊人群开展需求分析和个案服务，切实落实《中华人民共和国社区矫正法》对个别化矫正的要求。

第二章

广州社区矫正社会工作服务成效

广州市司法局通过政府服务购买形式持续引入社会工作力量，协助市区两级司法局开展社区矫正工作，经过多年的实践，社区矫正社会工作成效获得广泛认可。司法社工通过专业服务促进了社区矫正对象在法治观念、认知态度、情绪行为方面的个体转变，通过修复社区矫正对象与各方的关系，帮助社区矫正对象顺利融入社会，实现与社会环境关系的重建，并促进了广州社区矫正工作专业化发展，助力矫正质量的持续提高，为建设平安广州、法治广州作出了重要积极的贡献。

第一节　社区矫正社会工作服务的直接成效

社区矫正社会工作专业服务的直接成效主要体现在个体转变与社会环境关系重建两个方面。个体转变主要包括法治观念、认知态度、情绪行为等的转变。其中，法治观念转变是指在入矫到解矫流程的关键节点重新构建社区矫正对象的法治观念；认知态度转变是将心理支持、社会支持、个案管理等社会工作服务手法与社区矫正工作内容相结合，纠正社区矫正对象的错误认知；情绪行为转变是结合行为转变的阶段性特点，以陪伴式全程辅导的个案策略改善社区矫正对象的不良情绪及行为。社会环境关系重建包括社区矫正对象与被害人、家人朋友、社会这三个维度的关系修复，最终促进其重新融入社会。直接服务成效重点在于社区矫正对象的个体转变，但也涵盖社区矫正对象家庭与社会等其他维度。

一、促进社区矫正对象个体的正向转变

司法社工协同参与落实宽严相济的刑事政策，以社区矫正相关制度、

社会工作手法为问题解决的依据与策略，在干预过程中考量矫正阶段、风险需求、方法适用等因素，精准化解决社区矫正对象在法治观念缺失、认知态度不端、情绪行为偏差等社区矫正中常见的问题，并推动社区矫正对象从小切口问题解决向个人整体正向转变的发展。

（一）法治观念转变

法治观念缺失导致社区矫正对象存在不懂法、不守法、不服判等情况，影响社区矫正工作的推进实施，因此法治观念矫正成为社区矫正工作的首要任务。在司法社工的干预下，社区矫正对象对法律条文和法治内涵的理解和认识呈现积极的变化。这些转变是长期且逐步实现的过程，主要体现在法律意识增强、观念转变、素养提高、信仰建立等方面。司法社工通过协助社区矫正对象学习法律条文和理解法律条文背后的原则，促使社区矫正对象从内心认同并遵守法律，深刻理解法律和法治的内涵。这种认知和观念的转变，既能让社区矫正对象反思自己所触犯的法律法规，深刻理解犯罪行为对他人和社会造成的伤害，进而自觉遵守法律；同时也能让社区矫正对象意识到法律不只是针对个人违法犯罪的判定标准，也是对所有人行为的规范约束，这有利于巩固社区矫正对象的守法行为。以下通过实例具体阐述司法社工将社区矫正的个别教育、集中教育及社工手法综合运用于社区矫正的入矫到解矫全过程的效果。

1. 在入矫、矫正中、解矫的关键环节深化法治观念

入矫教育、矫正中教育、解矫教育是社区矫正教育帮扶中的重要环节，根据社区矫正工作实施的阶段特点进行划分，不同环节采取精准化教育以达到里程碑式的矫正效果。

入矫教育适度普法，促进身份的转变。入矫时的角色转变是社区矫正工作中的重要环节，入矫仪式可实施初始教育，让社区矫正对象深刻记忆社区矫正期间的角色、身份、要求等内容。如针对新入矫人员对社区矫正法缺乏了解的问题，由驻区司法警官以及区人民检察院检察官向社区矫正

对象讲解社区矫正相关的法律知识。通过举办入矫集中教育，让社区矫正对象及时认识到自身的错误、深入了解社区矫正工作和司法社工，帮助社区矫正对象调整好心态，面对现实，配合社区矫正机构完成各项管理工作，积极改正自身错误。

矫正中把握需求，及时安排矫正教育，保障矫正工作实施。矫正过程中，司法社工定期收集社区矫正对象信息，进行风险动态评估，并适时提供教育帮扶服务。例如，某社区矫正对象不服判决，试图通过上访或其他非理性行为来获取关注，期望通过特批形式改变判决结果。司法社工首先会尊重该社区矫正对象的想法，对其内心感受表达同理，做好情绪安抚工作。在进一步教育帮扶过程中，司法社工还会向社区矫正对象做好上访工作制度的教育工作，根据社区矫正对象的思想动态特点强调以下三点：一是不能通过网络煽动群众为其“平冤”，避免触犯网络相关法律法规；二是上访需按照程序要求，有依有据；三是上访期间不能有冲动过激行为，必要时向司法局寻求法律支持。随着司法社工法治教育逐步深入，该社区矫正对象逐渐恢复理性认知，在上访前向律师咨询意见。经过律师的沟通解释，社区矫正对象最终认识到个人的公平正义观不能替代司法审判的程序正义，理解其判决是合乎法律且公平公正的。

注重解矫仪式感，回顾总结巩固矫正效果。司法社工通过组织开展以“回顾·感恩·展望”为主题的集中教育活动，引导即将解除社区矫正的社区矫正对象回顾自己的矫正历程，巩固社区矫正对象良好的转变成效。活动由“回顾社矫历程”“感恩那些人和事”“展望美好将来”三个环节组成，即社区矫正对象回顾总结社区矫正过程中的所学、所做、所思，向社区矫正工作人员、司法社工及家人表示感谢，并一同观看祝福视频，感受来自司法社工对自身的真诚关怀和鼓励。最后，社区矫正对象以写信的方式，一一记录社区矫正期间的良好经验和感受，表达对未来生活的美好展望。

2. 个别教育与集中教育相结合，多策略精准矫正错误观念

懂法、守法是每个公民行为准则的基本要求，社区矫正对象是普法教育的薄弱群体，只有增强社区矫正对象的法治观念，加深社区矫正对象对社区矫正工作的认识，使他们服从司法行政机关的监管，牢固树立法治意识，自觉遵守法律法规，才能杜绝违法犯罪行为的再次发生。司法社工积极探索以社会工作专业服务手法介入法治教育过程，推动法治教育从简单通用性普法教育，到针对不同法治观念缺失的社区矫正对象实施个别化精准矫正的转变，提升精细化矫正的实效。经过干预后，大部分社区矫正对象重新认同法院判决是公正的，但个别社区矫正对象仍然坚持否认犯罪事实，未能充分认可法律的权威性和严肃性。这就需要司法社工根据社区矫正对象的需求及社区矫正的阶段性分类进行个别教育与集中教育，才能有效精准纠正社区矫正对象的错误观念。

以需求为导向，由浅入深达到个别化教育效果。针对个别缺乏法律基本认识、不认可法律权威的社区矫正对象，司法社工可与律师联合开展紧密针对社区矫正对象需求的法律主题教育。法律主题教育以社区矫正对象关注的法律内容为切入点，全面呈现法律的公正、公平、权威性，树立其法律基本概念与认知，并在此基础上延伸开展与其自身违法犯罪相关的法律主题教育。例如，对于有遗产分配顾虑的某社区矫正对象，开展继承法律制度的教育，内容包括遗产范围、继承方式、法定继承顺序、遗产的分配、遗嘱制定与变更、继承权的丧失、遗产的获得等内容。最后，针对社区矫正对象的犯罪事实开展针对性的教育，将其所违反的法律法规结合此前的法律主题教育内容进行整合，让社区矫正对象融会贯通，理解法律的内涵。整个教育过程可有效减少社区矫正对象的阻抗，提升教育实效。

寻找契机，循循善诱达到启发教育的效果。社区矫正对象在生活中面临的各种困难可成为开展法治教育的契机，将法治教育与帮扶工作相结合。针对社区矫正对象的个人情况和需求，采取多种措施，制订个性化的

矫正方案，逐步实施帮扶和教育。首先，帮助社区矫正对象链接资源，提升基本生存能力，解决最迫切的生活需要，比如与社会组织合作为他们提供就业岗位、开展技能培训、捐助物资等，并提供面试、就业等技能培训。其次，引导并协助社区矫正对象申请政策帮扶，以帮扶政策的规范启发其思考法律的严肃性、权威性。在这个过程中，司法社工向社区矫正对象澄清困难群众帮扶政策、社区矫正法都具备严肃性、权威性，社区矫正对象遵守社区矫正工作各项规定是其义务，遇到困难依法依规寻求帮助是其权利。进而启发社区矫正对象理解法治的核心，任何组织和个人都必须尊重法律权威，必须在宪法法律范围内活动，必须依照法律行使权利或义务。

整体考虑，多策略实现观念矫正全覆盖。社区矫正对象的教育内容涵盖法治教育、道德教育和警示教育等方面，根据不同的教育目的和社区矫正对象的个别化需求，以及参与人数采取集中教育和个别教育；根据阶段性特征和工作需求依时开展入矫教育、矫正中教育、解矫教育；灵活采用线上教育和线下教育相结合的形式。在法治教育过程中，要考虑矫正工作的整体性与阶段性，根据个别化的需求来确定教育内容。例如，在实践过程中，社区矫正对象的心理情绪压力源于不理解犯罪判决和不清晰社区矫正管理过程相关法律要求时，司法社工先通过个别化心理辅导稳定其身心状态，运用社区矫正法的普法教育，帮助社区矫正对象理解社区矫正工作背后的法理，包括非监禁刑罚不等于非刑罚，社区矫正仍然是执行刑罚的过程，只是执行地方由监狱转变为社区；“自由刑”并不等于“自由行”，在社区矫正期间的人身自由是受限的，需严格遵守社区矫正的相关管理规定。社区矫正对象的法治教育工作以情绪心理辅导为教育前期准备，个别化的普法教育为后期工作重点，将社区矫正对象面临的困难解决与法治教育相结合，可使整个法治教育更加精准化和柔性化。

在社区矫正过程中，无论针对社区矫正工作人员还是社区矫正对象，所有规则和要求是有法可依、有法可循的。通过帮扶和教育结合，促使社区矫正对象对法治的理解更为深刻，能够充分认识个人所要履行的法律义务，特别是社区矫正期间的义务，这对社区矫正工作的有效开展非常重要。随着社区矫正社会工作服务的推进，社区矫正对象对法律条文和法律程序的了解逐渐加深，能摆脱运用生活常识理解法治的思维模式，从自身所触犯的法律条款中的适用原则、构成要件和量刑标准等要素深刻理解自己过往所犯的罪行，进而从内在消除犯罪心理和行为恶习，建立法律的权威性和严肃性的认知。

（二）认知态度转变

人的情绪行为并非仅由某一事件激发直接产生，而是受到这一事件在个体中的认知评价，以及由此产生的特定信念的影响，最终在特定情境下形成特定的情绪和行为反应。社区矫正对象的认知态度不端会导致其对待社区矫正工作的消极态度，影响社区矫正工作顺利推进。社区矫正对象常见的非理性认知有以偏概全、绝对化、灾难化等，例如“那么多人酒驾偏偏我被捉”“肯定是法官错判”“我被判刑这辈子就完了”等。通过接受司法社工的教育、个别化心理辅导和个案管理等服务，社区矫正对象能认识到自身的错误，促进非理性认知正向转变，建立对法律判决的正确认知和积极的生活态度，对待社区矫正工作态度也从原来的被动参与转变为主动配合，积极参与社区矫正活动，学会遇到困难主动寻求社区矫正工作人员的帮助。

1. 心理支持引导纠正错误认知态度

在实施心理支持策略时，司法社工以关系建立为基础，充分接纳和尊重社区矫正对象，引导他们正视自身问题并寻求司法社工的帮助。司法社工采用陪伴支持、关怀问候、鼓励等方式逐步让社区矫正对象感受到关怀和温暖，缓解社区矫正对象的负面情绪，增强其自我接纳和自信心，协助社区矫正对象正确认识自己存在的问题，学会自我调节和控制情绪，调整思维方式和行为习惯。

此外，司法社工还为社区矫正对象提供个人成长支持，聚焦社区矫正对象在自我认识和自我管理能力上的不足，制订个人成长计划，明确发展方向和目标。司法社工通过提供个人心理辅导、组织成长小组等方式，帮助社区矫正对象制订个人成长计划，协助并落实个人成长计划，通过个人成长计划切实提高社区矫正对象的自我认知和自我管理能力，促进个人心理成长。

以某社区矫正对象不参加工作而引发家庭矛盾所产生的情绪问题为例：司法社工通过鼓励与引导，帮助该社区矫正对象重建家庭角色，从个人和家庭维度提供心理支持，逐步改变不良情绪。在介入前期，司法社工给予该社区矫正对象情绪宣泄的平台，了解其困难并给予心理支持；在介入中期，司法社工协助其发现自身无业且不想工作的状态以及家庭角色的分工不明等问题，重建对婚姻的责任与信心；在介入后期，结合社区矫正对象的母亲需照顾的实际情况，鼓励社区矫正对象承担起照顾家人的家庭责任，促进家庭建立合理分工。在此过程中，司法社工启发社区矫正对象在遇到困境时学会冷静寻求家庭成员的心理支持。司法社工的介入服务既缓解了社区矫正对象的情绪问题，又协助解决其家庭纠纷。

2. 重建社会支持缓解焦虑压力

社会支持对自我认同的形成具有重要影响，也是社区矫正对象在社会中获得自我确认和认同的一种途径。通过与他人的交往和互动，个体能够获得社会的积极反馈，从而形成自我认同，而缺乏自我认同会产生明显的焦虑和压力。社会支持策略包含两个方面，一是社会支持系统为社区矫正对象提供的客观支持；二是社区矫正对象主动拓宽社会支持系统的过程。客观支持包括社会关系网络中所能获得的、来自他人的物质和精神上的帮助，包括尊重支持、信息支持和社会成员身份认同等。尊重支持即让社区矫正对象感受到被他人尊重和接纳；信息支持包括对社区矫正对象问题解决的情况进行说明、解释及建议，为社区矫正对象在解决问题的策略上提供参考信息；社会成员身份认同，包括社会角色、地位和身份的认知和接受程度等。司法社工通过对个人及社会层面进行干预，从而帮助社区矫正对象拓宽其社会支持系统：一方面加强对社区矫正对象的思想引导和信心激励，不断拓宽支持系统，引导社区矫正对象放下社会隔离的思想包袱；另一方面在社区层面促进社区矫正对象与社区互动，如通过参与慈善公益重建社会支持，参与义卖、慈善演出、志愿服务等多元化的公益服务，促进社区矫正对象修复社会关系，增强社会责任感，提升社会认同。

对于新入矫的社区矫正对象，司法社工注重他们的感受，疏导并安抚他们对社区融入的消极情绪，了解他们的生活情况，同时发掘家人潜能构建家庭支持系统，提供情绪支持、心理疏导，缓解他们的心理压力，鼓励他们调整心态，并积极克服困难。以某酒驾社区矫正对象为例，司法社工持续关注社区矫正对象戒酒身体反应和心情，协助社区矫正对象制订科学有效的戒酒计划，积极与社区矫正对象的家人沟通反馈并争取家人的支持与帮助，提供戒酒的方法与资源供社区矫正对象学习使用，通过多角度介入，预防其再次酗酒。在取得戒酒阶段性目标后，司法社工以此为契机引导社区矫正对象重新审视自身罪行，向其普及犯罪行为的危害和法律后果，强化罪行认知，协助社区矫正对象形成自主强化学习和自我思考的习惯。司法社工开展心理健康宣传活动，邀请社区矫正对象作为志愿者参与其中，并安排负责心理健康知识宣传、协助居民游戏体验、协助居民答题、心语墙签名、寄语收集等工作，让社区矫正对象将矫正期间学到的心理健康知识更好地应用到实践，通过社区矫正对象与居民的良好互动，修复社区矫正对象与社区之间的关系。

3. 个案管理综合解决复杂认知态度问题

个案管理策略是包括司法社工评估社区矫正对象需求、制订和实施计划、协调资源、监督评估等一整套的服务，是一种满足社区矫正对象复杂需求的策略方法。个案管理强调一种协调的过程，通过协调和获取各种资源，让社区矫正对象获得最适当、最完整的服务。司法社工在个案管理中共分五个关键环节，分别是资料收集分析、建立目标、选择执行方案、整合资源和评估效果。

在资料收集分析阶段，综合整理分析社区矫正对象的基本信息及风险因素，除了社区矫正对象的生理、心理、社会功能等基本资料，还需重点分析危险性因素、规范性需求、特殊性需求。在建立目标阶段，司法社工与社区矫正对象明确个案目标，列出目标优先顺序，确保目标的可行性和可持续性。在选择执行方案阶段，选择可以实现目标的执行方案，并确定执行计划和时间表，以确保方案的有效实施。在整合资源阶段，根据社区矫正对象的需求整合资源，协助社区矫正对象克服与资源链接的障碍，帮助社区矫正对象链接所需资源，陪伴社区矫正对象克服取得资源时所遇到的障碍。在评估效果阶段进行成效评估，包括跟进过程的动态评估以及个案结束时的成效评估，评估内容包括目标实现情况、个案的情感和行为变化等，在过程中根据评估动态优化调整方案，在结束前评估确认是否可以结案。

以某社区矫正对象因多种错误认知所致的故意伤害罪为例，该社区矫正对象一直认为暴力是解决问题最有效的方法，并坚持认为暴力打击挑衅行为是为民除害的正义行为。司法社工充分收集案主家庭情况、生活环境情况、犯罪过程等资料，梳理现有的家庭、朋友、社会等方面的资源，以明确纠正其中暴力是有效解决问题的方法，暴力会赢得他人尊重等错误认知为工作目标，制订错误认知分类矫正计划，司法社工逐一与其进行讨论并矫正，包括对“遭遇别人挑衅，暴力回击是否为最好的应对办法”展开讨论，司法公安是否有用，自己采用暴力是不是唯一的有效方法等。

在计划方案过程中司法社工充分整合资源进行干预，引导社区矫正对象思考现实结果与其原有认知的差异，包括“经过公安介入后暴力行为是否停止”“公安介入后是否挑衅行为不再发生”“有效举证索赔是否成功索赔”等。司法社工整合法律资源，收集司法案件以呈现不同情况下使用暴力的司法判决差异，让案主明白暴力虽是一种解决方法，但绝对不是正义的方法，寻找司法公安的帮助才是解决问题的首选。

随后，司法社工与社区矫正对象针对“暴力解决问题是否会赢得周围人的尊敬”这一问题展开讨论。社区矫正对象表示，当他被拘留释放返村时，与他关系好的个别村民的迎接和肯定让他感到自豪，他们认为使用暴力打击挑衅者是一种正义的行为。司法社工结合介入前收集到社区矫正对象夫妻双方经常因习惯用暴力解决问题而发生争执，且妻子担心孩子在知晓父亲是暴力之人后模仿，家庭氛围不利于孩子健康成长等情况，然后动员社区矫正对象身边的资源，包括家人、朋友和同乡，向社区矫正对象表达他们对暴力行为的真实看法，让社区矫正对象明白并非所有人都尊重用暴力解决问题的人，共同促进社区矫正对象认知的正向转变。

最后评估环节，司法社工与社区矫正对象共同就对暴力问题的看法评定认知改变的效果。最后社区矫正对象明白以暴力解决问题不会赢得社会大众的普遍认同，更会对自身产生严重的不良影响。随着社区矫正对象法治观念的逐渐转变，司法社工进一步引导社区矫正对象认同法律存在的意义，积极履行自己的义务与责任。经过个案介入后，评估发现社区矫正对象成为一个遵纪守法且不再认可暴力行为的人。在矫正期间，社区矫正对象对待社区矫正工作的态度、对周围人的态度、对正义的认知等都有一定程度的正向转变。

认知态度影响社区矫正工作执行过程的实效。司法社工采用社工手法从个人心理、家庭及社会层面干预，让社区矫正对象在内心深处认识到自身错误，司法社工的柔性方法与对社区矫正工作人员警告、训诫等刚性执法结合，让社区矫正对象更深刻地在矫正期间摒弃错误认知，树立服管意识，严格遵守各项规定。同时，社区矫正对象自我管理能力得到良好提升，日常生活中更加注重自己的行为规范，避免再犯罪行为的发生。司法社工重塑社区矫正对象对自己、对社会的责任认知态度，鼓励社区矫正对象承担社会责任，参与社会公益服务，从被动参与转变为主动参加社区服务活动、公益宣传活动、社区公益演出、慈善募捐等社区公益服务，为社区建设与社会和谐作出贡献。

（三）情绪行为模式转变

情绪行为是社区矫正对象最外显的表现，而情绪导致的偏差情绪行为也最为直观。社区矫正情绪行为偏差常表现为发生矛盾时无法适时冷静、经常因小事发脾气、情绪大起大落、被指责时反应过度等。这些难以控制甚至不能控制的情绪行为会带来不可预计的破坏性，会直接影响社会和谐稳定，危及群众安全，因此，预防偏激行为成为社区矫正工作中维护社会稳定的重要环节。社区矫正对象的情绪行为转变通常分为五个阶段，分别是前意向阶段、意向阶段、准备阶段、行动阶段、保持和巩固阶段。[①] 情绪行为问题的介入通常以个案策略为主，由司法社工全程动态评估风险，并结合风险评估结果在其情绪行为转变过程的各个阶段进行针对性介入。以下是因夫妻关系压力和工作压力导致的情绪易怒、行为冲动的社区矫正案例，展现通过情绪行为的干预让社区矫正对象从拒绝配合社区矫正工作，到回归正常生活的情绪行为转变过程。

前意向阶段解决否认情况。在前意向阶段，社区矫正对象没有认识到自己的行为需要改变，并否认问题的存在，表现在行为上会批评责备他人，将所有问题的责任都推到别人身上。案例中社区矫正对象认为妻子过于强势导致难以共同生活，拒绝与妻子沟通，并长期酗酒以缓解压力，且经常因酒后冲动毁物伤人，多次违反社区矫正的规定。虽然社区矫正对象已经入矫，但并未认识到问题所在，缺乏解决问题的动机与行动。司法社工评估该社区矫正对象家庭及工作两方面的风险因素后，充分收集社区矫

---

① B. J. 福格．福格行为模型［M］．徐毅，译．天津：天津科学技术出版社，2021.

正对象个人情况并建立关系基础，着手引导社区矫正对象情绪行为向意向阶段发展。

意向阶段澄清问题提升动机。在意向阶段，司法社工的专业引导让社区矫正对象意识到存在的行为问题，认识到改变可带来的益处，开始产生行为正向改变的动机，但尚未作出实质行为的改变，也意识到改变会有一些困难障碍。司法社工在干预初期向社区矫正对象澄清个案服务内容和角色，拉近彼此之间的距离，取得社区矫正对象的信任，构建良好的专业关系。随后，结合社区矫正对象妻子与司法所工作人员反映的情况，司法社工对社区矫正对象面临的问题进行进一步的澄清及分析，包括社区矫正对象的婚姻态度、夫妻相处不和谐的原因探讨、是否还有协商缓和夫妻关系的可能性、因夫妻关系不和导致的情绪问题以及不配合社区矫正工作的后果等。

准备阶段分析问题制定解决策略。在准备阶段，社区矫正对象虽仍未发生行为改变，但已下定决心要改变，且打算在未来一个月内付诸行动。社区矫正对象经过与司法社工谈话后的思考分析认为，夫妻矛盾难以调和，对夫妻生活感到压抑。回顾犯罪当晚也主要是因为与妻子吵架后喝了酒，在情绪爆发后，才会实施违法犯罪行为。最终，社区矫正对象认为夫妻关系没有修复的可能，决定与妻子离婚，并改变现在的生活工作环境。

行动阶段协助达到计划目标。在行动阶段，社区矫正对象已经开始采取行动来改变自己的行为，通过采取一系列行为和策略来实现自己的目标，并积极应对可能的诱惑和挑战。在案例中，社区矫正对象根据自己的决定，先与妻子进行电话沟通，达成初步意向后约定会面，协商离婚、子女抚养等问题。最后双方达成离婚共识，在沟通后的第二天一起前往民政局办理离婚手续，并处理财产分割、子女抚养照顾等事宜。离婚后，社区矫正对象向司法社工表示，“感觉轻松多了，情绪也比之前稳定多了”。司法社工鼓励社区矫正对象规划自己新的生活，并在工作中积极改变原有的酗酒解压方式，尝试通过自己喜欢的运动或饲养宠物等方式来缓解压力。随着行为的持续改善和巩固，社区矫正对象的生活状态成功地从压抑冲动转变为松弛平和，情绪日渐趋于稳定。

保持和巩固阶段总结反思提升能力。在保持和巩固阶段，社区矫正对象有意识地保持新的生活节奏和规律，降低复发风险。该案例中社区矫正对象连续三个月情绪与生活较稳定，没有再与前妻吵架，工作恢复到正常状态，无酗酒情况。在司法社工的帮助下，社区矫正对象重新建构离婚后的新生活模式，逐渐适应了现在与前妻的沟通方式并承担起身为父亲的责任。

社区矫正对象在社区矫正期间面临的就业压力、社会适应困难、经济压力、家庭压力等问题，可能导致出现自卑、焦虑、恐慌、忧郁、悲观等情绪。当面对难以解决的问题时，社区矫正对象可能会感到无力应对，产生的情绪问题会干扰矫正工作的效果。司法社工通过心理健康教育、个案辅导等方式，提高社区矫正对象的心理素质和情绪调节能力，有助于社区矫正对象更积极地看待事物，并找到合适的解决问题策略。情绪的改善不仅能提高社区矫正对象对管理规定的配合度，还有助于降低潜在的再犯罪风险，消除潜在的社会不稳定因素。

二、促进社区矫正对象的社会融入

恢复性司法模式是促进社区矫正对象社会融入的常用工作模式，与传统惩罚模式的“以牙还牙，以眼还眼”不同，恢复性司法着重于被害人与犯罪方深层次的矛盾化解，即将工作重心从惩罚犯罪转变为重建关系，重建与被害人、家人朋友乃至社区的关系，增强社区的凝聚力和自我治理能力，促进社区矫正对象重新融入社会。司法社工引导社区矫正对象直接面对被害人及利益受到损害的其他相关人员，直视自己的犯罪行为对他人造成的伤害，深刻认识到自己的错误。司法社工鼓励社区矫正对象通过道歉、解释、承诺、赔偿乃至直接承担责任，取得受其犯罪行为直接或间接影响的人的谅解，重新修复关系，融入社会，让被害人和利益受损者在物质和精神层面都得到及时有效的补偿，也让社区矫正对象与各方关系重新修复并融入社会。现结合实务案例，从社区矫正对象与被害人、家人朋友以及社区的关系和解角度，阐述司法社工如何通过关系修复有效化解矛盾，消除仇恨，使涉案各方都能够不因犯罪和被害而影响新的工作和生活，从而达到预防社区矫正对象再次犯罪的效果。

图 2-1　恢复性司法模式的社区矫正对象关系重建图

（一）促进社区矫正对象与被害人的关系和解

司法社工通过专业方法介入让社区矫正对象对自己的犯罪有深刻认识后，充分评估社区矫正对象与被害人双方人格因素、心理因素、关系破裂程度等指标。在风险可控的前提下，司法社工为社区矫正对象和被害人搭建相互了解和沟通的平台，引导社区矫正对象向被害人表达自己的悔意和歉意，展现自己的改变和进步。被害人也可以通过该平台向社区矫正对象表达自己的理解和宽容。在促进和解过程中，司法社工可以根据需要邀请双方家属、社区代表参与关系调解。社区矫正对象与被害人的关系和解，不仅体现在物质上的补偿与满足，更重要的是让社区矫正对象及被害人双方得到精神抚慰，消除犯罪对双方的心灵创伤，帮助他们重新回归正常生活。

被害人不仅指受害者个体，还包括在犯罪过程中利益受损的其他组织或社会大众。在因债务原因犯下盗窃罪的某案例中，经过调解的社区矫正对象归还盗窃物并赔偿被害人损失，获得直接被害人的谅解，表面上社区矫正对象已经与被害人达成和解，社区矫正对象理应回归正常生活。但从另一个角度看，该社区矫正对象在矫正期间没有稳定工作，也因之前的赔偿导致经济困难，难以按时偿还债务。而债主们以不同方式的讨债行为，严重影响其工作与生活，导致其还债的难度进一步加大，陷入恶性循环。由于该社区矫正对象没有与犯罪导致的其他潜在被害人进行有效沟通与和解，再犯的风险仍然存在。因此，司法社工通过司法途径，为社区矫正对象与债主们搭建沟通平台。一方面，鼓励社区矫正对象积极处理债务问题，引导其重新分配收入和支出，制订多笔债务的还款计划，积极做到按月还款，有计划地使用信用卡，避免信用卡诈骗罪的发生；另一方面，与债主们反馈该社区矫正对象的经济情况，争取归还债务的宽容期限，协商合理的分期还款金额，由社区矫正对象承诺按协商结果定期还款。与债主们协商和解后，社区矫正对象安心工作，努力挣钱还债，实现重新融入社会目标，促进社区的和谐发展。

（二）促进社区矫正对象与家人朋友的关系和解

社区矫正对象因矫正过程中发生个人心理状态改变、工作与生活方式改变、家庭经济和生活压力大等原因与家庭及朋友产生矛盾，严重削弱家庭和朋辈对社区矫正对象的支持功能，对社区矫正对象的心理和行为产生负面影响，进而影响社区矫正效果。司法社工围绕关系和解过程中的重建信任和彼此理解进行干预，通过家庭会议、小组沟通等方式，引导社区矫正对象积极与家人朋友沟通，倾听家人朋友的意见和建议，并表达自己的真实感受和需要，促使家人朋友了解社区矫正对象在社区矫正期间的困难及需要。通过平等的交流和协商，寻找解决矛盾和冲突的最佳方式。如某社区矫正对象因贩卖濒危野生动物制品罪被判刑并处以罚金的案例，高额罚金对其家庭经济造成重大冲击，家庭经济的不稳定导致社区矫正对象生活压力大、夫妻关系紧张，妻子甚至提出了离婚。司法社工在实地走访该社区矫正对象家庭情况时发现，其妻子为全职家庭主妇，无经济收入来源，经常抱怨社区矫正对象赚不了钱；社区矫正对象也经常抱怨妻子育儿方式不好、沟通难等问题。但双方并没有实质的离婚想法，更多的是被处以罚金后产生的经济压力导致家庭矛盾难以调和。司法社工干预过程中积极让双方发现彼此的优点，协助双方考虑暂时互换角色分工。社区矫正对象刚失业且忙于处理案件及完成社区矫正各项规定，情绪心理不稳定，短期内难以找到合适的工作。经夫妻双方沟通决定，由妻子先行外出工作，丈夫负责照顾家庭。妻子在参加工作期间很快适应角色转化，缓解了家庭的经济难题；社区矫正对象也迅速承担起照顾家庭和接送妻子上下班的责任，夫妻双方在困境中相互理解和支持，夫妻关系逐渐缓和。在后续的社区矫正期间，社区矫正对象逐步思考如何进行合理的家庭分工，寻找新的经济来源，利用自身优势着手做小生意，包括直播卖货、地摊卖货等，缓解家庭经济压力。经过夫妻双方真诚沟通和解，夫妻关系得以恢复，携手共进解决困难，重启家庭新生活。

（三）促进社区矫正对象与社会的关系和解

受社区矫正对象所犯罪行影响的对象有时并非特定的被害人，如酒驾、职务犯罪等影响的还有社会。司法社工会根据社区矫正对象的个别化需求，以社区公益服务、个别化教育等措施为载体，让社区矫正对象采取个人力所能及的方法弥补自己的过错，在他们遇到困难时链接社会资源帮扶，均有助于重建社区矫正对象与社会的联结，达到与社区关系的和解。

社区矫正对象与社区的和解主要有效的方法是参与社区公益。在《中华人民共和国社区矫正法》实施后，社区矫正对象作为普法志愿者参与社区普法教育活动。司法社工根据社区矫正对象的个人特长，组织安排参加公益活动，帮助社区矫正对象修复社会关系，培养社会责任感，并且活动过程收集到居民对活动的满意度及社区矫正对象的接纳程度信息，积累正向反馈信息鼓励社区矫正对象与社会互动。例如，番禺区司法社工建立“善士多”公益服务平台，以资源统筹、多元参与为社区公益活动的核心，社区矫正对象组成的志愿者队伍为主要力量，为社区困难群众筹集爱心资源、提供爱心服务，为社区和谐发展作贡献。在此过程中，司法社工帮助社区矫正对象发掘个人潜能，培养亲社会的行为和态度，顺利融入社会。社区矫正对象也通过参与公益活动提升社会责任感，身份从“罪犯、社区矫正对象”转化为“热衷公益的善士”，实现社区矫正对象与社会大众的双赢局面。

在社区矫正对象遭遇困难时，链接社会资源帮扶，也有助于重建社区矫正对象与社会的联结。一方面，通过开展“社区矫正、问题呈现、困境应对”三大主题教育，司法社工以知识问答、感受分享、案例分析等形式，与社区矫正对象充分互动。尤其是新入矫的社区矫正对象会在这个过程中更加明晰司法社工的角色与作用，告知他们可通过求助司法社工找到解决问题的新途径。另一方面，教育内容结合广东省司法厅下发的有关社区矫正“每月一主题”的通知，司法社工以“十一”国庆节为契机，向社区矫正对象讲解中国有哪些“世界第一”，增强社区矫正对象的爱国意识和主人翁意识，引导社区矫正对象成为对社会有贡献的人。有社区矫正对象因生活困难需申请救助时，可能会担心居委会因他们的社区矫正身份而不配合办理，所以不愿意前往居委会提交材料。此时，司法社工及时疏导社区矫正对象的负面情绪，澄清街道和居委会工作人员的职责是为辖区居民服务，不会因申请者的身份而区别对待居民，而是根据政策法规解决居民的困难，进而恢复社区矫正对象对社区的信任。

每个社区矫正对象犯罪的个人因素、社会因素、需修复的社会关系的维度及程度存在明显差异，要遵循个别化原则才能有效修复关系，进而达到社会融入的目的。同时，在促进社会关系修复与和解的过程中，司法社工需广泛发动政府单位、公益组织、企业、社会大众等多元主体共同参与，在和解沟通过程中需多元化对话协商沟通，开展各类活动。此外，也需要认识到社区矫正对象的社会支持网络重构和关系修复是个潜移默化的过程，无法一蹴而就，需通过反复多次的社会活动逐步改善。

第二节　社区矫正社会工作服务的间接成效

司法社工参与社区矫正工作的间接成效体现在对矫正工作专业化的推动，以及对平安广州、法治广州的贡献。其中，推动矫正工作专业化包括加强基层矫正专业力量和动员社会支持协助力量，而对平安广州、法治广州的贡献包括预防再犯罪、风险预防、法治建设及完善等方面，不仅提升了广州平安建设的质量，也加快了广州法治建设发展的进程。

一、促进广州社区矫正工作的专业化

司法社工全方位推动专业力量和社会协助力量参与社区矫正工作，促进社区矫正工作专业化发展。一方面在于通过司法社工团队的专业人员嵌入基层司法所、司法局等工作场景，让司法社工的服务手法与社区矫正行政工作充分融合；另一方面通过社区动员，推动不同主体的社会支持力量参与社区矫正。

（一）增强基层矫正专业力量

各区协调司法社工嵌入社区矫正工作。广州各区司法局均以政府采购形式向社会组织购买司法社工服务，按照社区矫正对象与司法社工 20∶1 的比例进行专业人员配置，截至 2022 年，全市共有 365 名司法社工，服务

覆盖每个基层司法所。由区司法局统筹安排，按照全员驻点的方式，将现有的司法社工派驻司法所；根据在册的社区矫正对象人数、司法所社区矫正专职工作人员数量、安置帮教对象人数等动态数据变化，适时调整派驻司法社工的配置。全区统筹协调采用灵活调配方式支援基层司法所解决临时性、突发性的人手不足问题。

各区司法局根据工作服务需求，灵活安排综合能力强的司法社工驻局或驻矫正中心，负责各镇街人力的统筹协调工作、重点矫正对象转介跟进、判前社会调查、初始评估、适应性帮扶、制作档案等工作。同时，驻区局矫正中心的司法社工可以利用社区矫正中心的场地优势，集中组织社区矫正对象开展社会公德、法律法规、时事政策等主题教育，通过形式丰富的教育学习活动，发现、发挥、发展社区矫正对象在品质、美德和才能方面的优势，强化教育矫正的效果。司法社工采用服务全覆盖方式进行人力补充，有效解决基础司法所工作任务繁重、司法所人员偏少、工作协调多、可操作性难度大等原因导致的基层人手不足问题，更重要的是加强了基层矫正的专业力量。

规范专业力量参与社区矫正工作。广州市陆续出台《广州市司法社会工作项目体系建设实施方案》《广州市司法社会工作项目购买服务实施细则》《广州市司法社会工作服务项目评估办法》，规范社会组织参与社区矫正工作，明确司法社工服务购买的服务要求及规范，将社会工作专业服务嵌入社区矫正机构的刑罚执行过程，既保障刑罚执行与社工专业服务的深度融合，也保持两者之间的适度边界。

司法社工队伍的人员构成包含法学、社会工作、心理学等专业人员，社工服务项目统筹发挥不同专业人员优势，开展心理矫正咨询、行为偏差纠正、社区服务组织、就业就学引导、矫正信息收集、矫正需求评估等教育帮扶专业服务，司法社工的柔性专业服务与社区矫正机构刑罚执行的刚性管理形成互补。

社工专业手法与社区矫正内容融合发展。在工作过程中，司法社工除了协助司法行政机关采取管制、训诫等传统措施，也常将社会工作专业手法与矫正工作内容相结合，如将个案工作、小组工作、社区工作三大手法融合到社区矫正工作中。社会工作的个案工作管理与社区矫正流程在某种程度上存在相似之处，将个案工作方法嵌入社区矫正工作流程，可形成专业互补。小组工作根据社区矫正对象的存在问题性质、犯罪性质、性格特点，组织有相似经历、相似问题的社区矫正对象分批、分主题开展小组，将小组工作与帮教小组的工作紧密结合，持续深化社区矫正工作中的教育帮扶效果。社区工作则是以整个社区为对象，司法社工通过与政府和社会各界协调联系，通过就业帮扶、改善社区关系、社会倡导、社会教育、参加社会公益活动等方式，重建社区矫正对象与社会的连接，帮助社区矫正对象融入社会。

社会工作与社区矫正理念紧密一致。社会工作价值观强调助人自助的宗旨，遵循平等、接纳、自决、个别化及保密等原则，挖掘受助者的主动性，激发他们解决自身困难的能力，树立克服困难的信心，体现对个体价值的尊重和以人为本的思想。社区矫正的理念是一种教育主义、人道主义和再社会化。作为一种开放式的行刑方式，社区矫正是一种人性化的行刑措施，充分体现了法律的人文关怀和刑罚的人道价值，同时也体现了以人为本思想。[①] 将社会工作价值理念融入社区矫正工作，可以帮助矫正机构在执行社区矫正时更好地理解矫正对象的需求和问题，让社区矫正工作中的需求为本与强制执法之间取得平衡，充分体现公平公正。

（二）动员社会支持协助力量

基层单位的动员。首先，在市、区级司法局的统筹协调下，各区司法社会工作项目以镇街甚至社区为基本单元，通过与社区（村）委会合作，

① 刘淑娟．浅析社会工作伦理价值在社区矫正中的运用［J］．社会工作下半月（理论），2008（4）：25-27.

向社区（村）干部了解掌握社区矫正对象的基本情况、日常行为及家庭状况，发动邻里乡亲包容互助，促进社区矫正对象融入社会。其次，以家庭为基本依托，通过与家属沟通加强对社区矫正对象的教育、生理、心理状况、行为习惯的监督。再次，司法社工通过村（居）委会广泛发动社区合适的志愿者加入矫正小组，帮助社区矫正对象更好地融入社会，增强社会认同感和归属感。最后，联合社区矫正对象所处社区环境中可动员的基层力量，如学校、医院、文化站等参与矫正工作，发挥不同单位资源的优势，进一步提高矫正工作的效率和质量。

社会组织的动员。一方面，通过借助社会组织的资源有效介入，深入开展教育矫治和社会适应性帮扶，弥补社区矫正工作社会资源的不足，提高社区矫正工作的科学性，丰富社区矫正工作的内容，促进社区矫正对象更好地融入社会，充分感受社会的关爱，同时降低行刑过程的成本、提高矫正质量、降低再犯罪率。另一方面，依托爱心企业建立过渡性安置基地，司法社工积极引导、动员热心公益的爱心企业，为社区矫正对象提供过渡性就业安置服务，全市累计建立教育基地 69 个、公益活动基地 120 个、就业基地 65 个。根据社区矫正对象的特长、需求，司法社工通过整合企业资源，为其择优匹配合适的企业岗位，实现就业需求和岗位供给的精准匹配，做到精准帮扶。社会组织参与下的帮扶使社区矫正对象重建自尊、自信，避免再犯罪，也为他们更好地融入社会创造全新平台。

志愿服务平台的动员。志愿服务是社会进步的重要驱动力，能够唤起人们的社会责任感和自觉行动。司法社工所在的司法社会工作服务项目积极与辖内其他社工服务项目或公益服务项目合作，动员搭建适合社区矫正对象作为志愿者参与的活动平台，增强社区矫正对象借助社会公益活动参与社会服务的连接。组织社区矫正对象参加志愿服务，能够更有效地引导社区矫正对象以实际行动奉献社会、实现自我价值，有助于社区矫正对象修复社会关系，培养社会责任感，坚定改造、充实、完善自我的信心，树立正确的世界观、人生观、价值观，以积极向上的态度接受矫正改造。[①] 2021—2023年，在市区两级司法局统筹下，3年内累计开展教育帮扶205147人次，组织274645人次参与社会公益服务，通过志愿服务赋予社区矫正对象“新身份”，增强社区矫正对象的社会责任心和自我认同，帮助他们更好地融入社会。

二、对平安广州、法治广州的贡献

广州市社区矫正工作坚持以习近平新时代中国特色社会主义思想为指导，全面践行总体国家安全观，积极应对新形势、新挑战，深入开展“法治、平安、精准、智慧、廉洁社矫”五项建设，引入社会力量参与，形成全市统一的工作流程清单、社区矫正工作档案等执法规范，助力广州市司法局打造监督管理智能化、教育学习移动化的“智慧矫正”新模式，持续提升教育矫正质量成效，多个方面工作保持全省第一、全国领先水平，全市社区矫正对象再犯罪率长期保持在低位水平，为平安广州、法治广州建设作出了积极贡献。[②]

（一）提升了广州平安建设的质量

广州市聚力维护社会公共安全，将犯罪风险源头、风险管理、应急处理有机结合，加强社会治安防控体系建设，有效预防再犯罪。同时，深入细致排查重点对象、重点工作环节，以全覆盖排查建档牢牢守住不发生系统性风险底线，为人民群众创造更安宁、更舒心的社会环境。

预防再犯罪，全力营造安全社会环境。广州市严格按照《中华人民共和国社区矫正法》落实各项社区矫正监督管理、教育帮扶任务，通过公开

---

① 广州市司法局．黄埔区司法局“金不换”志愿服务队　助力社区矫正对象融入社会［EB/OL］．(2023-10-23)［2023-10-30］．http：//sfj. gz. gov. cn/xxgk/xxgkml/gzdt/jcdt/content/post_ 9276782. html.

② 广州市司法局．广州市社区矫正工作会议召开：多个方面工作保持全省第一、全国领先［EB/OL］．(2023-06-30)［2024-01-19］．http：//sfj. gz. gov. cn/ztlm/zzfu/sfyw/content/post_9082464. html.

招标购买社区矫正社会工作服务，培育行业协会组织，全面推进社会组织协同参与社区矫正工作，制定司法社会工作相应指引、社区矫正对象风险评估机制、服务流程标准、档案规范等指导性文件；规范司法社工为有需要的社区矫正对象个人、家庭、社区提供困难救助、矛盾调处、人文关怀、心理疏导、行为矫治、关系调适、资源协调等专业服务，有效防止社区矫正对象脱管、漏管现象，防范化解社区矫正对象存在的安全风险。截至2023年，全市累计接收社区矫正对象5.1万人、解除矫正4.5万人，现在册6000余人，年列管超1.2万人，在册人数、列管人数约占全省1/7。在庞大的社区矫正对象基数情况下，全市社区矫正工作多年来未发生重大案事件，再犯罪率长期保持在低位水平。

落实风险研判，筑牢安全稳定防线。司法社工配合市、区、所三级落实风险研判分析，严格对重点人、重点事、重点时段、重点环节的管理，结合社会形势的发展变化，持续排查化解风险隐患，完善应急处置机制，在重要时间节点实行“零报告”制度，确保社区矫正对象“四个不发生”①。2021年以来，创新联防联控工作机制，联合市公安局开展智能化数据排查6.1万人次，核查相关信息线索67万条，该做法在全省推广使用；加强暂予监外执行管理，在全省创新推广“每年集中病情复查、司法鉴定”工作模式，有效落实保外就医监督管理工作。

建档全跟踪，健全心理服务体系。司法社工在配合基层司法所对全体社区矫正对象进行初始评估的基础上，也定期开展社区矫正对象心理状态动态监测工作，为排查出心理异常的生活失意、性格偏执、行为偏激人员等高风险社区矫正对象提供心理辅导和危机干预服务。市区级司法局组织司法社工参与社区服务小组和应急处置专班，建立关于严重精神障碍患者的信息互通机制，完善心理健康个性化服务、转介与跟踪、危机干预、帮

① 社区矫正对象“四个不发生”指的是不发生重大安全事故，不发生重大刑事案件，不参与群体性事件，不发生越级上访以及由其主导的媒体炒作等影响社会安全稳定的事件。

扶救助等机制，有效预防精神障碍患者肇事肇祸事件；全面开展专业的全员心理测评筛查，按“一人一档”的原则，为社区矫正对象建立心理健康档案并对高危对象进行重点跟踪，进行专业心理疏导和危机干预。

广州市司法局充分发挥统筹协调和指导作用，明确社区矫正工作的职责分工，建立协调联动机制，凝聚各单位工作合力，实行量化考核制度，发挥好业务考核、平安建设考评“指挥棒”作用，引导司法社工的专业力量促进社区矫正工作质量提升，健全心理服务体系，确保社会安全稳定，推动各项工作落地见效。

（二）加快广州法治建设发展的进程

广州市严格落实社区矫正管理既有力震慑了犯罪，维护刑法严肃性和公正性，又发挥了基层组织和人民群众的作用，调动了罪犯改过的积极性，有效减少社会对抗，维护社会和谐稳定。另外，推动社区矫正工作和基层社会治理深度融合，夯实平安中国建设的基层基础，构建多方联动机制的工作机制对基层社会治理新格局具有重要意义。

抓规范管理，夯实“法治社矫”建设。广州市按照《中华人民共和国社区矫正法》要求，完善工作流程清单和一系列配套规定，以工作档案为抓手，完善全市统一的社区矫正执法规范；开展执法业务培训，完善常态化执法检查机制，确保社区矫正工作在法治轨道上运行；每年开展社区矫正中心“开放日”活动，既提升人民对社区矫正工作的了解，也提升“阳光执法”知晓度。广州市社区矫正规范执法工作一直保持全省标杆地位，近年来多次在全省、全国业务培训班作经验介绍，多项工作做法在全省复制推广，“规范执法”品牌已成为响当当的社区矫正工作“广州名片”。

社区矫正工作稳步推进，加强社区矫正委员会规范建设和专业建设，出台《广州市社区矫正委员会工作规则》。深化品牌建设，修订《广州市社区矫正工作档案范本》，16 篇社矫案例入选司法部案例库。在全省率先出台《广州市延伸管教警察管理办法》，加强延伸管教警察队伍建设。创新矫正方式，推动社区矫正对象心理服务体系建设，与市律师协会合作开展社区矫正法治教育。①

强化多方合作，健全社区矫正工作机制。广州市通过司法社工参与社区矫正工作进一步提升执法水平，着力推进监管体系建设，进一步完善调查评估、交付执行、矫正宣告、监管审批、司法奖惩等全流程执法程序，制定社区矫正对象考核奖惩实施细则。同时，广州市规范司法社会工作服务购买流程、服务内容、服务要求等方面，实现充分市场化，充分竞争、优胜劣汰，确保服务质量；充分发挥专业组织、专业人员的优势，综合运用社会学、心理学、教育学、法学、社会工作等专业知识，促进社会力量参与社区矫正与基层社会治理其他各项工作的深度融合，形成问题联治、工作联动、平安联创的工作机制，不断健全完善基层治理体系，助力构建基层社会治理新格局。

① 广州市司法局 . 2022 年全市司法行政工作总结［EB/OL］.（2023-06-16）［2024-01-19］. https：//www. gz. gov. cn/zwgk/zjgb/bmgzzj/2022n/content/mpost_ 9055778. html.

第三章

社区矫正社会工作“广州模式”的内容及特点

经过不断的探索和实践，广州市社区矫正工作逐渐形成了“党委引领、政府主导、社工参与、社会协同”的格局，建立了“队伍+服务”的双嵌入社区矫正社会工作“广州模式”。司法社工力量嵌入社区矫正工作队伍，司法社工专业服务嵌入社区矫正工作流程，助推社区矫正工作高质量发展。

第一节　社区矫正社会工作“广州模式”的主要内容

社区矫正社会工作“广州模式”经过10年的发展和沉淀，形成了服务专业化、矫正精准化、建设规范化、队伍本土化、视野国际化五个特点。

一、服务专业化

广州市社区矫正社会工作的服务专业化重点体现在有科学有效的理论指导、遵守社区矫正的“风险、需求、反应性”的RNR原则、运用专业评估工具以及在实践中产出的广州司法社工实务模式示例等方面。

（一）坚持科学的理论指导

社区矫正社会工作主要受三大流派影响，包含人文主义刑事司法改革流派、康复性司法（治疗取向）流派、恢复性司法流派。

1. *人文主义刑事司法改革流派*

社区矫正实务工作的人文主义流派，是一种以人为本的工作模式，它强调对社区矫正对象的人权保障[①]，注重对社区矫正对象的教育，使社区

---

① 陈士涵．人格改造论（下）［M］．上海：学林出版社，2001：677.

矫正对象在社区中实现自我救赎和社会融入。

2006 年有司法领域研究相关学者提出，人文精神与法律的最终指向都是人，人文精神与刑罚执行的融合是一种必然的走向。社区矫正制度是人文主义的需要，体现了以人为本的人文主义精神。我国刑法长期受报应主义和重刑思想的影响，法律的冷酷使人们难以将刑罚执行与人文主义精神联系在一起。而实际在现实生活中，人文精神对人类文明始终起引领作用。①

随着中国本土社会工作的实践发展，社区矫正社会工作的人文主义精神在基本信念和实践原则等方面也有了经验积累和成效总结。

中国本土社区矫正社会工作的基本信念包含了尊重、独特性、相信改变、接纳、非批判，在人文主义精神的影响下，均有不同发展。“尊重”主要体现为司法社工在与社区矫正对象接触和沟通的过程中保持尊重的态度，尊重社区矫正对象在服务过程中表达的观点、意见及决定，不把自身的意见或建议强加给社区矫正对象。“独特性”体现在司法社工相信每个社区矫正对象都是独特的，每个人都有不同的生活经验、不同的人格特征和潜质。在服务过程中，司法社工强调针对每个社区矫正对象的特点和个性，提供个性化专业服务，落实“个别关怀，全面服务”的原则。“相信改变”体现在司法社工坚信人有能动性，具有改变的潜力，相信社区矫正对象可以改变，有能力去面对并解决自己的问题。“接纳”体现在司法社工要从内心接纳社区矫正对象，将他们看作工作过程中的重要伙伴，对社区矫正对象的价值偏好、习惯、信仰等都要保持宽容与尊重的态度，绝不因为社区矫正对象的生理、心理、种族、性别、年龄、职业、社会地位、信仰等因素对他们有任何歧视，更不能因为上述原因而拒绝为社区矫正对象提供社会服务。“非批判”原则具体体现在社会工作实践过程中，司法

① 李威．论社区矫正的价值诉求［J］．辽宁公安司法管理干部学院学报，2006（4）：11-14.

社工对社区矫正对象的性格、性取向、生活方式、宗教、政治倾向不作倾向性的批评和判断，尊重社区矫正对象在观念和生活方式上的选择，不将自己的价值观强加给社区矫正对象，不应指责和批判社区矫正对象的言行与价值观，更不应将自己的负面情绪发泄在社区矫正对象身上。

2. 康复性司法（治疗取向）流派

康复性司法（治疗取向）流派[①]（以下简称康复性司法流派）是从医疗模式出发，最初主要用于帮助患有精神疾病的患者恢复健康。随着时间的推移，人们开始意识到这种模式也适用于社区矫正领域。

康复性司法流派评估社区矫正对象处于"心病"状态，这种"心病"状态可能源于他们的犯罪行为，也可能源于他们的生活环境和社会压力，需要进行治疗。该模式强调通过提供心理和情绪的专业服务帮助社区矫正对象转变认知态度，更多地关注为社区矫正对象提供心理和情绪的介入服务，以阻止和减少再次犯罪的可能性。

社区矫正对象可能有改正自身犯罪行为的决心，却并不承认自身的罪行或对所犯罪行并无悔过之意，常常在面对困境和问题时作出一个非理性和糟糕的决定，而这种非理性的决定极易导致他们重蹈覆辙。针对这种情况，同属于康复性司法流派的复健理论为指导的犯罪矫正策略不仅仅是一种惩戒，它更应该是一种以专业服务为主体的再犯罪预防方法，着重于社区矫正对象抑或犯罪矫正对象的个体层面，是一种微观层面的理论视角。

在具体方法上，康复性司法流派主要依赖于心理咨询、情绪管理训练、社会技能训练等服务。这些服务不仅可以帮助社区矫正对象处理自己的情绪，还可以帮助他们学习如何处理与他人的关系，如何适应社会生活。研究表明，康复性司法流派可以有效地帮助社区矫正对象改变他们的认知态度，提高他们的矫正效果。因而，康复性司法流派也得到了社会的

---

① WEMMERS，JO-ANNE，CYR，et al. Can mediation be therapeutic for crime victims? an evaluation of victims' experiences in mediation with young offenders ［J］. Canadian journal of criminology & criminal justice，2005，47（3）：579-580.

广泛认可和支持。[①]

3. 恢复性司法流派

恢复性司法模式[②]被美国、加拿大、英国和西欧国家地区广泛接受和采用，并有逐步替代社区矫正的复健模式成为主导模式的趋势。该模式强调施害人和受害人的和解、施害人和家人的和解、施害人和所在社区的和解三种和解，让施害人认识到自己的违法犯罪行为对他人和社会造成的伤害，产生内在的悔罪感和改过自新的动机。

恢复性司法模式在发展运用过程中，还包含与之相关的和解模式、补偿模式、重新融入模式等。和解模式意味着通过社区矫正对象和受害者之间的相互协商调解，“做出正确的事情”，以平息和改变社区矫正对象和受害者之间的关系。补偿模式是在金钱或物质补偿的层面上，作为和解模式的一种特定类型。重新融入模式强调恢复或重建社区矫正对象与所在社区的良好互动关系。家庭关系和社会环境是社区矫正对象重新融入社区的重要影响因素，决定了社区矫正对象是否能够真正重新融入社区。社区矫正对象重新融入社区需满足两个条件：一是需要社区为其提供有利的回归条件；二是社区矫正对象自身也需承担一部分应有的责任、弥补因自身罪行对社区和受害者产生的伤害。

（二）遵守 RNR 原则（风险–需求–反应性模型）

社区矫正社会工作有着独特的指导理论、服务视角和工作方法。广州市各司法社工服务项目根据社区矫正社会工作的特殊性，把科学有效的矫正原则理论和实务模式应用到社区矫正社会工作中。

循证矫正是一种以科学证据为基础的犯罪矫正方法，它以实证研究为核心，旨在探寻最具成效的犯罪矫正策略。这种方法起源于 20 世纪末的西

---

① 刘念．惩罚还是福利？从复健到复合的社区矫正模式［J］．广州社会工作评论，2016（2）：153–165.

② 王平．恢复性司法论坛（2007 年卷）［M］．北京：中国检察出版社，2007.

方国家，尤其是在美国和英国得到广泛应用。随着心理学和犯罪学研究的不断深化，一套科学的矫正理论和实践方法逐渐形成。循证矫正强调采用经过验证的干预措施以降低再犯率，而非依赖直觉或传统矫正方式。自 21 世纪初，我国开始关注并应用循证矫正，江苏省、山东省等地监狱成为这一矫正方法的积极探索者和实践者，以认知行为疗法为主，辅以其他特色项目，也取得了较好的成果。相较于在监狱内实施的循证矫正，社区矫正能提供更为有利的矫正执行环境。首先，作为一种非监禁矫正方式，社区矫正下的社区环境相较监狱环境能为社区矫正对象提供更多个别化干预的机会。其次，循证矫正重视社会支持系统的作用，如家庭、朋友和社区组织的积极参与。这种社会支持在监狱中难以获得，但社区矫正对象仍然生活在其社会网络中，更容易获得这些支持。此外，社区矫正要求在矫正措施的设计和实施过程中更加关注社区矫正对象的社会适应性和再社会化。循证矫正恰好满足了这一需求，为社区矫正工作者提供了更为有效的工具，帮助他们选择和实施最合适的矫正措施，从而提高社区矫正的成功率。①

RNR 原则（风险-需求-反应性模型），被称为循证矫正的首要原则，由加拿大卡尔顿大学教授安德鲁斯（Donald Arthur Andrews）和加拿大公共安全部主任邦塔（James Bonta）提出，“循证矫正产生于 1990 年，经过近 20 多年的发展，已经成为矫正工作中的指导性原则”。充分领会和掌握这一原则的理论基础是科学有效开展循证矫正工作的重要前提。② 循证矫正以一般人格和认知社会学习观点为理论基础，其理论假设如下：①风险水平是可以被评估和预测的。与犯罪行为相关的风险因子包括个体内部的生理心理因素和外部的社会环境因素，这些因素是可以被量化和评估的；

---

① 张苏军．循证矫正在中国的实践探索：以山东省任城监狱的暴力犯矫正为例［M］．北京：法律出版社，2016.

② ANDREWS，D. A.，ZINGER，I，HOGE R D，et al. Does correctional treatment work? A clinically relevant and pshchologically informed meta-analysis［J］. Criminology，1990，28（3）：369-404.

②导致犯罪的因素是多样的，矫正方法也应该全面评估并找出具体的风险和犯罪路径；③矫正的目的是减少罪因性需求，从而降低再犯罪率；④应该通过实证的、价值中立的方法来确定社区矫正对象的罪因性需求并采取严格和适当的研究设计；⑤循证矫正的最终目标是降低再犯率以减少社会危害性。①

风险原则（Risk Principle，R 原则）解释了什么人需要接受循证矫正。风险原则认为，个体的风险水平与再犯可能性成正比，矫正的力度应该与风险水平相适应。风险因素分为静态因素和动态因素。静态因素是指与犯罪相关的固定因素，如犯罪史、性别等；动态因素是指可能发生变化的个体属性或因素，如个体的冲动性、性取向偏差等。

需求原则（Need Principle，N 原则）是指导致个体表现出违背社会规则或犯罪行为的生理-心理-社会因素。个体的罪因性需求与风险水平（高、中、低）呈共变关系。罪因性需求是个体风险水平的子集，是动态的风险因子，它的变化能直接导致再次犯罪。有效的矫正项目应当以解决罪因性需求问题为直接目标。

反应性原则（Responsivity Principle，R 原则）是指应该根据社区矫正对象的能力和学习方式来设计和实施矫正项目。一般反应性原则认为应该把社区矫正对象看作“人”，有效的矫正方式是认知行为疗法和认知社会学习模式，尊重社区矫正对象的个性化。反应性原则认为应当注重社区矫正对象的内在特征，如人际敏感度、焦虑、言语智力、认知成熟度等，这些因素都应该存在与之相适应的矫正方式。反应性可分为内在反应性与外在反应性。内在反应性是指项目的设计和实施应该考虑社区矫正对象的内在属性如人格特质、认知水平等；外在反应性是指从社区矫正对象的外在属性如生活环境、文化背景等方面设计矫正项目。

---

① 肖玉琴，杨波．循证矫正的理论基础：RNR 模型解读［J］．犯罪与改造研究，2014（3）：14-18.

上述原则是循证矫正的核心和主体部分。[①] RNR 模型已经发展成一个结构完整、功能完善、兼具理论性和实践性的综合模型，在循证矫正工作中起着重要的引领作用。循证矫正倡导从生理-心理-社会多角度探求犯罪成因，把以刑法惩罚为目标的社区矫正对象改造转向符合人性化和个性化需求的社区矫正对象矫正，在有限的资源中寻求最大化降低再犯率，符合司法行政系统的效益化原则。循证矫正建立在大量的实证研究基础上，评估和治疗方法通过实证检验以保证其信效度，保证了该理论的实证性和科学性。实践也证明遵照循证矫正的矫正方案比传统方案更有利于降低再犯率。

(三) 应用专业评估工具

在社区矫正社会工作“广州模式”中，除了基础理念和各类实践理论的指导，专业评估工具的应用也必不可少。为社区矫正对象提供的分类矫正、个别化帮扶与心理矫治等服务，应在对每个社区矫正对象的风险性科学预测与评估的基础上进行。在此背景下，广州司法社工在风险评估阶段就开始使用《社区矫正对象需求评估问卷》和《SCL-90 症状自评量表》[②]，其目的是更好地评估社区矫正对象的个人需求，以便为他们提供个别化的干预和支持。

《社区矫正对象需求评估问卷》的整体分值将对应 RNR 模型中的风险原则，风险水平应与干预的强度相匹配，高风险个体应接受更密集的干预。而分因子的测评则是为了评估社区矫正对象的个人需求，包括他们的生活技能、教育和就业需求、家庭和社会关系、心理健康状况、物质滥用情况等。该测评信息有助于确定哪些因子需要干预，以直接对应于 RNR 模型中的需求原则进行分析，通过识别和解决动态风险因素（犯因性需求），

---

① 肖玉琴，杨波．循证矫正的理论基础：RNR 模型解读［J］．犯罪与改造研究，2014(3)：14-18.

② SCL-90（Symptom Checklist-90）是一种广泛使用的心理评估工具，旨在评估个体的心理症状和心理健康状况。其是由美国心理学家伦纳德·R. 德罗加蒂斯在 20 世纪 70 年代初期编制的。

降低其风险行为出现的机会，减少再犯的可能性。

《SCL-90 症状自评量表》是一种广泛使用的心理健康测评工具，用于测评个体在过去一周内经历的心理问题和症状的强度。这个问卷涵盖了如焦虑、抑郁、人际关系敏感性、敌对性、偏执思维等多个因子，可以帮助识别可能需要特别关注的心理问题与可能会影响社区矫正实施过程中的相关因素与症状，从而更好地根据 RNR 模型的需求原则和反应性原则来调整干预措施，提供必要的心理健康支持，提高社区矫正工作的成效。

使用专业工具可以有效地支持司法社工提供更具针对性的干预措施，基于科学证据与个体情况和具体需求定制的干预措施会产生更高概率的积极效果。以上两种常用的专业评估工具都会以“一人一档”的方式列入社区矫正对象的执行档案与工作档案，以确保“广州模式”社区矫正社会工作的循证、合理、规范。

1. 社区矫正对象需求评估问卷

《社区矫正对象需求评估问卷》（QACR）依据循证矫正理论中的“中心八大风险因子”及相关的其他因子，即社区矫正对象的行为史、教育、家庭/婚姻、就业、经济、朋辈、休闲/娱乐、物质滥用、行为/情绪、个人认知 10 个因子，对社区矫正对象的犯因性需求和再犯风险进行综合性评估，全面、客观、科学、准确地定位社区矫正对象存在的风险和需求，并依据各项因素在社区矫正对象身上的“活跃度”分层次地排列出主次位序，作为潜在风险管控与分级分类处遇的指标体系。

《社区矫正对象需求评估问卷》分为 13 个维度共 71 道题，以问卷填写的方式考察社区矫正对象静态和动态的风险因素，涉及社区矫正对象的犯罪史、教育/工作情况、家庭结构支持系统、社会支持网络系统、情绪/精神状态及用药史、娱乐休闲与回归社区行动规划等。司法社工从提高社区矫正工作质量，制订具有针对性、有效性的矫正方案的目的出发，以综合学科视角从社会工作、法学、心理学等方面将需求评估问卷有效转化为语言文字，获悉社区矫正对象需求信息和潜在风险，依各项因素内容分数评定结果、计算得分、划分社区矫正对象危险性的五个层级（极低、低、中、高、极高），并结合社区矫正对象融入社会后再社会化的可能性程度等维度进行综合评估与分析，为后续制订社区矫正对象个别化矫正方案提供科学的参考依据。

社区矫正对象需求评估问卷

（2023 版）

社区矫正对象姓名：__________（正楷）　性别：______ 年龄：______

罪名：____________社区矫正类别：□缓刑 □假释 □管制 □监外执行

社区矫正期限：____年____月____日 至____年____月____日

（合计矫正期：______年______个月）

所属区（县级市）及街道（镇）：________区________街道

填表日期：________　司法所电话：____________

犯罪历史

以下打√选择　　以下为备注栏

是 否	1. 是否有过犯罪前科？	涉及罪名：________
是 否 是 否	2. 是否曾经有过 2 次或以上的犯罪记录？ 3. 是否曾经有过 3 次或以上的犯罪记录？	3. 1 次数：____________ 3. 2 犯罪类型：________
是 否	4. 目前的刑期是基于对 3 种或以上罪名的指控？	4. 1 次数：____________ 4. 2 罪名：____________
是 否	5. 你第一次被逮捕时还未成年？	被逮捕时年龄：____
是 否	6. 成年后，曾经被判处监禁刑？	
是 否	7. 在以前的服刑期间是否曾经有过或曾经想过从服刑地逃走？（包括监狱、看守所、中途宿舍和社区）	

续表

是 否	8. 在以前的监狱、看守所或中途宿舍期间，是否曾经因为违反服刑机构的相关规定而被处罚？	8.1 受处罚次数：______ 8.2 违反行为：________
是 否	9. 在以前的社区服刑期间受到处罚？ 处罚：□新的违法行为 □违规行为 □罚金 □训诫	
是 否	10. 是否有暴力行为（包括言语暴力）的正式记录？	请列明：________

目前社区矫正情况

是 否	1. 目前社区矫正，是否因犯暴力相关的罪行？	1.1 罪名：________ 1.2 刑期：______月 1.3 已服刑：____月
是 否	2. 在目前社区矫正期间，是否有新的违法行为？	次数：________
是 否	3. 在目前社区矫正期间，是否有违反社区矫正纪律的行为？	次数：________
是 否	4. 在目前社区矫正期间，是否受到训诫？	次数：________
是 否	5. 在目前社区矫正期间，是否被处以罚金？	次数：________

教育/工作经历

就业情况

是 否	1. 目前正处于失业状态中？	
是 否	2. 在过去一年的时间里，是否经常失业？（在过去一年的时间里，就业时间少于 50%）	
是 否	3. 从来没有在一份工作上做满过一年？	
是 否	4. 是否曾经有被辞退或被开除的工作经历？	

教育情况

是 否	5. 所接受到的正规教育年限低于 9 年？（未取得初中毕业证书）	
是 否	6. 所接受到的正规教育年限低于 12 年？（未取得高中、技校或职校毕业证书）	
是 否	7. 是否有被退学或者休学的经历？ 现在正在上学吗？ □是　□否	

如果社区矫正人员现在既未上学，也未有工作，则以下三题均为“0”。

如果社区矫正人员为家庭主妇或退休领取养老金的人员，请仅回答第 8.2 题。

如果社区矫正人员现在在上学，或在工作，请回答以下三题：

正在读书请回答此列（8.1~10.1）　正在工作请回答此列（8.2~10.2）

0 很差 1 一般 2 较好 3 很好	8.1 在学校表现如何？	0 很差 1 一般 2 较好 3 很好	8.2 在工作中表现如何？
0 很差 1 一般 2 较好 3 很好	9.1 在学校与同学相处如何？	0 很差 1 一般 2 较好 3 很好	9.2 在工作中与同事相处如何？
0 很差 1 一般 2 较好 3 很好	10.1 对老师的感觉如何？	0 很差 1 一般 2 较好 3 很好	10.2 对上司的感觉如何？

经济

0 很差 1 一般 2 较好 3 很好	1. 目前你是否遇到一些经济困难（包括家庭经济困难）？	
是 否	2. 你（家庭）是否正在接受社会救助金？	
	如有接受社会救助金（请单选） □失业救济 □残疾人救济 □低保 □其他________	

家庭和婚姻

0 很差 1 一般 2 较好 3 很好	你对目前的家庭或婚姻状态是否满意？	
	你目前处于何种状态（请选择） □单身 □恋爱 □已婚 □再婚 □离异 □丧偶	

如果社区矫正人员处于未婚（单身、恋爱）状态，请回答 2. 1 和 2. 1a 题；

如果社区矫正人员处于婚姻（已婚、再婚、离异或丧偶）状态，请回答 2. 2 和 2. 2a 题。

处于未婚状态请回答此列（2. 1～2. 1a）处于婚姻状态请回答此列（2. 2～2. 2a）

0 很差 1 一般 2 较好 3 很好	2. 1 对与父母的关系感觉如何？	0 很差 1 一般 2 较好 3 很好	2. 2 对与配偶的关系感觉如何？
	2. 1a 父母是否离异？（请单选） □是 □否	0 很差 1 一般 2 较好 3 很好	2. 2a 对与子女的关系感觉如何？

续表

0 很差 1 一般 2 较好 3 很好	3. 对与其他亲戚的关系是否满意？	
是 否	4. 家人和亲戚中是否有人有犯罪记录？	
	4.1 家人/亲戚中有犯罪记录者与你的关系________ 4.2 何时犯罪________	

居住环境

0 讨厌 1 一般 2 喜欢 3 很满意	1. 是否喜欢现在所居住的地方？	
	具体居住类型（请单选） □单独租住房屋 □与其他人共同租住 □与父母同住 □与其他亲戚同住 □自置物业 □宿舍 □其他________	
是 否	2. 在过去的一年里，有过 3 次或 3 次以上的搬家？	
是 否	3. 目前是否居住在犯罪频发类型的社区？	

休闲和娱乐

是 否	1. 在过去的一年，是否有加入任何正式注册的社会组织、或宗教组织（包括学校内建立的团体组织）？	
0 很差 1 一般 2 较好 3 很好	2. 是否能很好地利用自己的空闲时间？	

同辈群体

是 否	1. 是否感觉自己是一个社会孤独者，没有什么朋友？	
是 否	2. 在你所认识的邻居、同学或其他熟人中，有一些人有涉及犯罪行为或有犯罪记录？	
是 否	3. 在与你关系要好的朋友中，有一些人有犯罪行为或有犯罪记录？	
是 否	4. 在你所认识的邻居、同学或其他熟人中，很少有人能够真正做到遵纪守法（无犯罪记录）？	
是 否	5. 在与你关系要好的朋友中，很少有人能够真正做到遵纪守法（无犯罪记录）？	

毒品、酒精和药物依赖

是 否	1. 是否曾经有酗酒的历史？	
是 否	2. 是否曾经有使用毒品的历史？	2.1 何种毒品：________
是 否	a. 是否曾经有长期使用某种药物的历史？	a.1 何种药物：________
是 否	3. 现在（指过去一年）有酗酒吗？	
是 否	4. 现在（指过去一年）有使用毒品吗？	4.1 何种毒品：________
是 否	b. 现在（指过去一年）经常使用药物吗？	b.1 何种药物：________

以下5~9题基于社区矫正人员过去一年的情况，如果社区矫正人员在过去一年中都停止酗酒、使用毒品和药物，则以下5~9题不适用，请都评定为“否”。

是 否	5. 是否认为你的酗酒、吸毒或药物问题曾经、正在或将会导致你的违法行为？	
是 否	6. 是否家人或其他最关心你、与你有重要关系的人对于你的酗酒、吸毒或药物问题有反对和抱怨？	

续表

是 否	7. 是否因为酗酒、吸毒和药物，导致你在学校、工作上的问题？	
是 否	8. 是否因为酗酒、吸毒和药物，你曾经出现健康问题？	
是 否	9. 是否因为酗酒、吸毒和药物出现一些其他问题？	请列明：______

情绪/精神状态

是 否	1. 是否曾经或目前出现失眠、担心、沉默或自我贬低的情况？	
是 否	2. 是否曾经或目前出现严重的精神焦虑、紧张、幻听或幻想症状？	
是 否	3. 是否过去曾经接受过精神健康治疗？	
是 否	4. 是否目前正在接受精神健康治疗？	
是 否	5. 是否有其他心理症状？	请列明：______

罪行态度取向

3 不认罪 2 他人责任更大 1 已经过去了 0 深刻忏悔	1. 对所犯罪行如何看待和感知？	
是 否	2. 愿意过一种没有犯罪的生活吗？	
是 否	3. 认为目前的刑罚是不合理且不公正的？	
是 否	4. 认为目前所受到的监管是不合理且不公正的？	

社会排斥感知

是 否	1. 是否在工作中感受到被排斥？	
是 否	2. 是否在寻求社会救助和得到社会福利时感受到被排斥？	
是 否	3. 是否在家庭中感到家庭成员的排斥？	
是 否	4. 是否在与同龄人中感到同辈群体的排斥？	
是 否	5. 是否在社区中感到社区居民的排斥？	

人生规划

是 否	是否对将来的生活有自己的人生规划？
	是，具体谈谈你将来的人生规划________________ 否，为什么无将来的人生规划________________ ____________________________

需要特别注明：

____

____

____

____

矫正对象签名：__________

调 查 员 签 名：__________ （司法所加盖公章）

2. SCL-90 症状自评量表

广州市在全市范围内开展社区矫正对象社会心理服务体系建设，借助《SCL-90 症状自评量表》对新入矫及解矫前一个月的社区矫正对象进行心理健康状况测评。《SCL-90 症状自评量表》共 90 题，含躯体化、强迫症状、人际关系敏感、抑郁、焦虑、敌对、恐怖、偏执、精神病性 9 个常规因子和饮食睡眠 1 个其他因子，每个因子反映出社区矫正对象某方面症状的痛苦情况。量表以正常成人 SCL-90 的因子分常模为对照，当在某一因子的得分大于 2 时，即超出正常均分，则社区矫正对象在该方面很有可能存在心理或身体健康方面的问题。司法社工可根据该量表测评得分结果对社区矫正对象的心理状态进行定量化评估，从而更好地了解其心理健康水平以制订更具针对性的矫正方案。同时，量表的测评也有利于司法社工筛查出心理问题比较严重的社区矫正对象。如量表中第 15 题“是否有自杀想法”，当社区矫正对象选择 2 或者 2 以上选项时，司法社工需要对该社区矫正对象进行特别的关注与跟进，为其制订个性化的疏导、治疗方案。

（四）广州社区矫正社会工作实务模式示例

广州市社区矫正社会工作受社区矫正三大理论流派影响，根据每个社区矫正对象的实际情况，依据 RNR 风险、心理健康状况的筛查评估，在专业理论的指导下，制订个别化专业社区矫正社会工作矫正方案。以下为广州司法社工通过专业社工实务模式介入社区矫正个案并降低再犯风险的范例。

1. 背景：基本犯罪信息

案主 Z 女士，51 岁，无业，于 2016 年 10—12 月因信用卡逾期欠款约 43 万元，构成信用卡诈骗罪，2018 年被法院判处有期徒刑二年，缓刑三年，并处罚金人民币 3 万元。入矫时，案主的农业银行与兴业银行的信用卡已还清，但仍有他人欠款 6. 3 万元未还。

2. RNR 原则下的风险评估

（1）风险原则。本个案运用标准化评估工具《社区矫正对象需求评估问卷》对案主进行风险测定，评估结果显示为深度风险，应重点关注。问卷中的情绪、罪行态度项为高分区域，休闲娱乐、教育工作、经济、社会排斥为中分区域。此外，案主还进行了《SCL-90 症状自评量表》测定，结果为中度关注等级，在焦虑与偏执因子上较为突出。

相关记录显示，案主曾有“越级上访、剃光头拉横幅静坐、扬言报复”等过激行为，结合相关风险评估结果，司法社工判断其再犯风险程度较高，应将更多的资源和干预倾向于案主的矫正工作。因本个案被评估为高风险个案，司法社工安排至少每周一次辅导会谈，提供由资深工作人员负责的专属心理支持热线，并建议司法行政部门将案主纳入重点人员名单进行管控。

（2）需求原则：根据“中心八”风险因子分析犯因性需求。犯因性需求是循证矫正关注的核心，是那些可改变的、与犯罪行为尤其是再犯行为紧密相关的动态风险因素。随着风险评估工具的发展，西方学者总结出“中心八”风险因子。“中心八”是指与犯罪行为关联最为紧密的四个风险因子和与犯罪中等程度关联的四个风险因子。其中最紧密的四个风险因子即“大四”因子被认为是对犯罪行为主要的预测变量，且在分析个体犯罪行为时也是最主要的因果变量。“大四”因子指反社会行为史、反社会人格模式、反社会态度、反社会关联。此外，家庭/婚姻环境、休闲/娱乐情况、学校/工作状况、物质滥用与“大四”因子一起构成了“中心八”风险因子。

①本案“中心八”风险因子分析。

a. 反社会行为史：案主称是第一次犯罪，无前科。据驻所司法社工走访社区的反馈及相关资料显示，案主此前在村里与丈夫及“第三者”发生纠纷时曾出现过“拉横幅、举牌、拦车、剃光头、与警察发生冲突”等过激行为，当时未受到治安处罚。

b. 反社会人格模式：反社会人格障碍（Antisocial Personality Disorder，ASPD）是一种心理健康状况，其特点是长期的反社会行为、缺乏对他人的同情以及经常无视社会规范和法律。诊断反社会人格障碍通常需要专业的心理健康专家，如心理学家或精神科医生，通过临床评估和使用标准化的诊断工具来进行。考虑到案主过往长期的行为史与接触时情绪的高波动性，司法社工引导案主到专业医院进行诊断，对可能性的精神病态特征进行排查。案主经暨南大学附属医院精神科确诊为创伤后应激障碍（Post-traumatic Stress Disorder，PTSD），暂时排除其他可能性。

c. 反社会态度：关于夫妻关系，案主于2013年情人节发现丈夫出轨，2016年丈夫第一次向案主提出诉讼离婚。案主要求丈夫承担所有债务并负责自己的养老问题，否则不同意离婚。案主的离婚诉求表明案主可能存在长期对丈夫的习惯性依赖、担忧离婚后无法生存的顾虑。而案主处理第三者问题的方式则是通过把事情闹大后借助舆论压力促使第三者离开、丈夫回归。关于法律方面，案主对自己的违法行为没有清楚的认知，认为是因为丈夫“找关系”所以自己才会被判刑，对法律系统存在明显的负性认知，认为“人情大于法律”，不信任法律的功能。

d. 反社会关联：案主自述其在广州市区居住时和原居住小区的邻居关系较好，出事搬离原小区后便再无联系。案主此前的朋辈多由其丈夫介绍认识，构成群体主要是商界老板或案主丈夫的“酒友”，案发后未再联系。案主自述因离婚官司在T法院“举牌”抗议时，认识并结交了一名与其抗议同一名法官的朋友，两人关系相对较好，互相支持，甚至有时会相约到公共场所“举牌”抗议。然而，案主的这一朋辈关系及她们的维权方式，很有可能会妨碍社区矫正措施的顺利开展，且单一的朋辈关系使案主无法从朋辈系统获得有效支持，这不利于案主建立正向积极的社会支持系统。

e. 家庭/婚姻：案主家有7个兄弟姐妹，案主排行老大。自述此前经济较为宽裕时常为家中提供经济支持，案发后因“名声不好”且经济支持减少，同胞手足与其反目。案主父亲已去世，母亲在老家常年卧病在床，由二妹与三弟照顾。案主因常年居住广州且正在接受社区矫正而无法回老家尽孝，与弟弟妹妹关系紧张。

案主有过两次婚姻：与前夫育有女儿A，女儿A与现任丈夫的侄子结婚；与现任丈夫育有女儿B，女儿B在四川读大学，由父亲提供学费支持。目前女儿们均因父母婚姻和案主的犯罪问题与其产生隔阂，案主自述因现任丈夫有第三者导致夫妻关系紧张。司法社工跟进初期，案主正处于离婚诉讼期，后案主因不服一审判决离婚的结果，上诉至中级人民法院，案件正在审理中。

f. 教育/工作：据案主自述，其文化程度只有高中水平，曾通过炒楼获得财富后，为乡下的家人建造房屋，自己购买广州高档小区居住，雇用保姆，生活优越。目前虽然租房但仍会请钟点工打扫卫生，靠存款为生。案主患有肩周炎与创伤后应激障碍，自述自身基本无工作能力和工作经验，且主要精力在于打离婚官司。

g. 休闲娱乐：案主自述其通常每天上午到户外散步，并接受肩周炎的治疗以缓解不适，下午则在家看电视。

h. 物质滥用：案主自述其无吸烟、饮酒等不良习惯，也没有吸毒史或其他不良嗜好。司法社工在进行相关资料查询过程中，未发现案主存在物质滥用的情况。

i. 适应性问题（情绪）：在面谈过程中，案主提及丈夫时有发怒、大哭等多次明显情绪反应，女儿们的疏离也让案主的情绪受到影响。正处在官司拉锯期的案主承受着巨大精神压力，经常感到焦躁，甚至出现失眠，情绪状态极度不稳定。

j. 适应性问题（经济）：案主二审时需要聘请律师，但案主已拖欠近一年的房租，没有稳定的经济来源。案主每月的生活支出除了房租，仍需支付钟点工费用和肩周炎治疗费，且有他人欠款未结清。

个体分析结果：根据风险程度与干预措施强度相匹配的原则，司法社工分析再犯罪中心八大风险因子呈现的问题。其中，再犯风险相关因子中的反社会行为史、反社会人格、反社会态度、反社会关联四大风险因子中，针对呈现出高风险的反社会态度因子与反社会关联因子，实施以康复性治疗手法进行重点干预；再犯风险相关因子中的教育/工作、休闲娱乐、家庭/婚姻三个因子呈现中度风险，以恢复性司法角度进行一般干预；低风险因子的物质滥用暂不作干预。另外，司法社工还需关注案主的非犯因性需求（经济、情绪），以增强案主的矫正动机，从而提高矫正效率。

②本案“中心八”风险因子干预计划。

a. 对反社会态度因子的干预：案主的认知与行为存在一定程度的冲突和矛盾。案主的表达欲较强，当司法社工开启话题时，案主能够积极表达自己的想法，但缺乏理性的认知，认为“欠钱不还”这种“小事”不应上升到刑罚层面，认为自己成为社区矫正对象是因丈夫及第三者从中作梗。受这一负面认知影响，案主易对社区矫正产生消极心态，导致矫正期间易出现危机事件或其他负面问题。社区矫正系统属于法律执行的重要部分，司法社工应重点修正案主的不良认知，以认知行为治疗（Cognitive-behavioral Therapy，CBT）予以干预，通过概念解说、澄清与案例分享等修正案主的不良认知，协助其正确看待自身的犯罪行为与后果，促使案主积极改变不良信念，促成良性行为。同时，引入专业法律支持，在离婚和家庭财产分配问题上，陪同案主咨询专业律师，在确保案件的合法权益不受侵害的同时，改变案主对法律的不合理认知。

b. 对反社会关联因子的干预：案主缺乏可以倾诉内心苦闷的对象，其目前最亲近的朋友是在法院“举牌”抗议时结识的，然而双方的沟通话题与行为活动均包含明显的反社会属性（以制造舆论或影响的方式维权而非采用正常的反映意见途径），且这一非正常表达诉求的方式极易强化案主的非理性信念与偏激的处事习惯，增加引起冲突与过激行为的可能性，进而影响社区矫正措施的顺利实行。故司法社工可考虑解除案主反社会关联的朋辈关系，以降低案主产生偏差越轨行为的可能性，并尝试引导案主重组正向积极的朋辈关系。

c. 对教育/工作因子的干预：缺乏职业目标和生活方向是犯罪的风险因素之一。案主在工作能力不足与经验匮乏的情况下，司法社工应更注重引发案主的工作动机，协助其找寻合适的工作机会，同时引入目标管理的干预手法帮助案主设定合法和可实现的个人目标。因案主的生活重心主要在离婚官司上，司法社工应联动法律援助与人民调解等资源，为案主提供正向积极的自我实现途径。

d. 对休闲娱乐因子的干预：案主在响应社区矫正措施之余，只有家和医院“两点一线”的生活，空闲时间也没有得到合理利用，容易因此产生孤独感而胡思乱想，也无法通过外部影响获得正向积极的心态。司法社工应引导其积极投入社会活动以改善相关情况，如引导案主参加社区互助型小组，参与一些强度不高的娱乐活动，如广场舞等。

e. 对家庭/婚姻因子的干预：案主家庭关系紧张，因其家庭情况复杂，重建家庭支持系统需要时间、耐心和一系列的策略，最终改善家庭关系并重建支持网络。与女儿的关系：鼓励案主以开放和诚实的沟通方式与女儿们沟通，深入了解她们的想法和情感，同时清晰地表达自己的感受和期望。尽管案主在物质层面上可能无法继续为女儿们提供资助，但在情感层面仍需给予她们充分的关心和支持，以维护和增强母女间的紧密联系。与现任丈夫的关系：在处理离婚事宜的过程中，鼓励双方积极寻求公平合理的解决方案，尽可能通过调解或协商的方式解决分歧，以降低对各自及家庭成员的伤害。同时也应强调在任何情况下，双方都应保持相互尊重的态度，避免产生不必要的冲突，减少对彼此的伤害。与兄弟姐妹的关系：鼓励案主主动采取行动，通过多种方式，如电话、信件或电子邮件向家庭成员表达愿望，诚挚修复与兄弟姐妹之间的关系；通过组织家庭会议，让每个家庭成员都有机会倾诉自己的内心感受和期望，并共同寻找解决家庭分歧的方法。可以通过与兄弟姐妹深入商讨年迈母亲的照顾问题，制订合理的责任分担方案，可以考虑采取轮流照顾或提供经济支持等方式，以确保得到妥善的照顾。

f. 对反社会行为史因子的干预：此项静态风险因子虽不是矫正的目标，但案主过往行为史显示其在处理问题上的习惯性行为，有存在影响社区矫正措施与效果的可能性。司法社工应关注可能引发案主过激行为的相关因素并及时予以介入。

（3）反应性原则——增强矫正动机与措施匹配度的策略。

①经济：案主过往经历导致其在消费观上存在与目前经济状况不适应的情况，且没有合适的生活保障。司法社工应在对案主的个别咨询中加入财务管理的内容，制订完整的财务管理计划，以帮助案主及时调整合理支出并偿还欠款，避免因同样的罪名而陷入再犯。同时积极协助案主申请合法的生活保障（精神用药补助、残疾证办理、低保申请等），并建立其他可能的支持网络（居住保障和慈善捐助等）。

②情绪：案主的情绪长期处于不稳定的状态，极不利于案主平稳度过社区矫正期，司法社工应考虑提供情绪宣泄与心理辅导的相关课程与支持。此外，参考案主曾有"拉横幅、举牌、拦车、剃光头、与警察发生冲突"等过激行为的历史，管控上应注意预防案主在打官司期间可能出现的一系列过激反应和行为。司法社工需及时为案主提供个人心理支持，协助其更好地处理情绪压力，鼓励案主进行自我关怀，确保其情绪和身体健康得到妥善照顾，还可以通过鼓励锻炼、发展兴趣爱好、松弛疗法等方式来引导案主减轻压力。

③身体状况：提醒案主按时服用精神药物缓解病情、控制情绪与减少焦虑；鼓励案主积极参与娱乐休闲活动，缓解压力、放松身心、调整心态，也鼓励其进行适当的运动提高身体素质。

④配合度：案主主要使用普通话，较感兴趣的话题是关于离婚案件的法律知识。司法社工可以从案主感兴趣的话题入手，适当穿插一些法律知识和社区矫正措施的解释，帮助案主更好地理解自己的权利和义务，改善案主对法律的认知，进而提高社区矫正配合度。例如，司法社工可以向案主解释离婚的法律程序和相关的财产分割等问题，还可以与案主共同探讨如何在社区矫正期间处理好这些问题，以避免产生不必要的矛盾和冲突等。鉴于案主的表达诉求（表达欲高）与文化水平（高中）等特征，司法社工应侧重以回应式倾听方式，辅以通俗易懂的语言与案主建立互信关

系，以动机式晤谈法提高案主参与社区矫正工作的积极性。

3. 服务目标

一是促进案主适应社区矫正措施，对案主的负性认知进行修正；缓解案主的焦躁情绪与经济压力。二是为案主提供法律支持，协助案主完成诉讼程序。三是解除案主反社会关联的朋辈关系；重建社会支持网络，降低案主再犯罪风险。

4. 服务过程

（1）前期：建立专业关系，商讨现状问题，稳定矫正状态。

在本阶段，康复性治疗手法体现在为案主提供心理、情绪及社会适应上的支持服务，为后续修正认知问题和解除反社会同伴等做准备。司法社工以共同话题（法律）增进双方信任感，植入社区矫正理念，提高矫正配合度。针对案主精神状态，司法社工重视案主用药情况，提醒其按时服用药物，缓解病情；协同司法所工作人员与案主户籍所在地咨询、链接关于精神用药的康复补助，减轻案主用药经济压力；链接残联、民政等部门协助案主办理残疾证及申请低保，缓解案主的经济压力，提高在矫稳定性。针对反社会关联，司法社工协助案主反思其反社会关联的朋辈关系对其在矫身份乃至离婚官司可能产生的不利影响，引导其主动解除该朋辈关系，同时鼓励案主参与有益的社会交往活动，结识正向的朋辈群体，建立健康的社交网络。

恢复性司法服务理念体现在采取调解、情绪疏导等方式为案主提供家庭关系调解、情绪支持等服务，为案主修复家庭关系、与外部和解提供有利条件。针对家庭支持，司法社工以“背对背”调解方式联系案主的亲属，了解各方诉求并建立互信关系，为下一步重组关系做好准备。针对情绪压力，司法社工与案主协定以专属心理支持热线的方式确保其心理疏导诉求的服务持续性、响应及时性与咨询便捷性。针对休闲娱乐，司法社工引导案主参与积极的娱乐休闲活动，增强体质，调整心态。

（2）中期：修正不良认知，促成良性行为，重组社会关系。

在本阶段，康复性治疗手法体现在采取认知行为修正、心理咨询、技能训练等方式改变案主的负面认知态度、重组正向社会关系。针对案主的非理性认知，司法社工通过理性疗法中的辩论法引导案主正视、识别与改变自身处理压力及负性情绪的消极态度，鼓励案主以良性渠道宣泄压力情绪；通过澄清具体化概念方式引导案主认识、理解并相信法律的公正性，修正其对法律的负性认知。针对案主的创伤后应激障碍，司法社工采用CBT认知模型进行分析治疗，侧重以认知重构和行为暴露来减轻案主症状，学习放松技巧、应对恐惧和焦虑的方法以及如何处理与创伤相关的记忆和情感，协助案主调整对创伤事件的认知，以更理性、客观的态度看待过去，从而减少对案主生活的影响。针对反社会关联，司法社工通过协助案主进行社会交往的训练，增强在社交中的自我保护意识和正向选择能力，避免不良群体的负面影响，促进案主在社交环境中形成积极向上的生活态度。

恢复性司法服务理念体现在促成相关利害方和解，让案主产生内在的悔罪感和改过自新的动机，与外界产生良好互动关系，从而重新融入社区。司法社工协助案主建立与银行进行对话状态的模式，通过承认错误、分担并理解有害影响、在补偿方面达成一致、就将来的行动建立共识等四个步骤，重新确定合理的还款方案并督促其按期履行，以消除双方之间的冲突与对立，达到与相关利害人和解的目标。针对教育/工作，司法社工激发案主工作动机，协助其寻找契合的工作机会，并通过个案管理的手法，寻找法律资源以便更好地处理案主离婚案件。针对情绪，司法社工需要解决案主因离婚诉讼产生的压力与负面情绪，协助案主逐步学习控制情绪的方式，为案主提供情绪调节技巧的训练，引导其学习深呼吸、冥想和渐进性肌肉放松等方法，在面对压力时能逐渐控制自己的情绪反应。针对家庭支持，司法社工运用应对陈述法，引导案主采取健康理性对话的方式加强家庭有效沟通，鼓励案主主动学习并运用有效的沟通方法，促使案主转变良好行为习惯，并在司法社工的主持下举行家庭会议，通过澄清、理解、共商等步骤修复家庭成员对因案主犯罪事件所造成的影响与伤害，促成家庭关系的改善与支持网络的重建。

（3）后期：检视目标情况，巩固个案成效，鼓励正向改变。

在跟进后期，司法社工重点引导案主觉察自己在服务过程中的适应性转变与良性行为习惯的养成，共同评估个案跟进成效。案主自述多方面情况均得以改善。一是现在能够自行按时服药定期复诊，创伤后应激障碍病情症状得到明显减轻；二是在离婚官司开庭败诉后没有再选择以“举牌抗议”等不合理的诉求表达方式，而转向以合法的渠道进行维权；三是在朋辈交往方面，通过参加“跳广场舞”的娱乐休闲方式结交好友，拓宽良性朋辈群体；四是在非理性认知修正等方面，能够坦然接受既定事实，并能正确理解自己入刑的原因，且能够持续执行商定的还款计划；五是能够较为积极地与家人沟通，家庭关系逐渐融洽；六是能够正视自身的负面情绪，重视自身的身心健康，以调整生活作息等方式释放或减少压力，焦虑情绪得到有效缓解，较少出现失眠情况。司法社工肯定案主的正向转变，鼓励案主在日后生活中继续保持良好的情绪状态与行为习惯。个案目标达到且有较好成效，予以结案。

5. 服务成效

案主顺利度过了社区矫正期，并表现出良好的适应能力，尤其在以下五个方面取得明显成效：一是不仅在社区矫正期间遵守各项规定，还积极参与社区服务和公益活动；二是案主对法律的负性认知得到一定程度的修正，能够以较为客观的态度看待案件与诉讼问题；三是案主精神状态与情绪状况趋于稳定，较少出现焦虑或失眠等情况；四是通过链接法律资源，协助案主较为顺利地完成离婚诉讼；五是案主与女儿们及其他家庭成员的关系趋于和谐，也结交了志趣相投的朋友。

在解矫前，案主的《SCL-90症状自评量表》后测结果得分为124分，属于正常成人常模均分范围。案主此前较高的再犯风险得以有效降低，恢复正常社会生活状态。

6. 案件回访

案主解矫两个月后，司法社工联系回访案主。案主自述已搬至老家生活，与妹妹一同照顾母亲，离婚案件经高院发回后会再审，在准备开庭的相关事宜。案主表示解矫后生活规律、平静，同时感谢社工的关心。

二、矫正精准化

社区矫正精准化是指社区矫正机构通过采用一系列精准化的管理方法，对社区矫正对象进行精确评估、精确分类、精确干预和精确监控，以实现社区矫正工作的精准化、高效化和个别化。其重要性在于，它能够提高社区矫正工作的针对性和有效性，帮助社区矫正对象更好地融入社会，减少再犯罪率。同时，社区矫正精准化还能够提高社区矫正工作的透明度和公正性，增强公众对社区矫正工作的信任和支持。

在实践中，实现社区矫正工作精准化需要采用多种方法和技术，包括对社区矫正对象进行分类评估、个案管理、心理辅导、职业技能培训等，更需要积极与相关部门和社会力量合作。通过招聘、培训和选拔，吸引了一批有社会工作和心理学、法学等专业背景的优秀人才组建专业队伍进行合作推进，对社区矫正工作进行全流程的介入，共同推进社区矫正工作的精准化和个别化。

（一）判前调查精准化

判前调查基于两个要点：行刑社会化理论与刑罚个别化原则。行刑社会化理论①是为了使社区矫正对象在社会环境下接受教育和矫正，促使其重新融入社会。而判前调查能够全面了解并分析社区矫正对象的社会化状

① 袁登明．行刑社会化研究［M］．北京：中国人民大学出版社，2005.

况和导致社会化缺陷的因素，这为审判机关决定社区矫正对象是否适用社区矫正提供了科学参考。刑罚个别化原则鼓励根据社区矫正对象的个性特点来进行处置，有助于达到矫正社区矫正对象和预防犯罪的效用。判前调查以科学的评估为前提，特别是对社区矫正对象的社会危险性评估，是这一理论的具体实施手段，其精准、全面的评估结果将为选择合适的矫正方式提供重要指导。

在审判前的调查工作中，司法社工凭借专业的技能以及对社区情况的了解，协助司法所工作人员开展调查、协助监管并综合相关主体的意见等，形成精准、全面的专业建议，为社区矫正机构出具的调查评估结果提供科学参考，为法院的判决提供可靠依据，为社区安全形势作出准确判断，也为社区矫正工作的顺利开展提供基础。在社区矫正中，实行调查评估制度的目标主要是根据被调查对象的人格特点和性格特征找准“症结”以更好地对症下药，以证据为本，科学地矫正其犯罪心理。而开展调查评估工作手法的科学性和规范性、调查内容的准确性和全面性以及调查质量的一致性和可靠性，很大程度上决定社区矫正的工作质量和矫正成效。因此，采用系统的、规范的、科学的判前评估体系对于开展下一步的矫正工作而言是至关重要的。

精准化地定位司法社工职能也是判前调查的质量保证因素，在社区矫正社会工作“广州模式”下的精准化判前调查服务主要由区级司法社工服务项目的司法社工配合司法所工作人员实施开展，所发挥的角色作用亦贯穿调查评估开展的全流程。在此项工作中，司法社工通常扮演以下角色。

调查评估的执行辅助者：司法社工是社区矫正判前调查评估工作的协助者，他们协助相关部门进行调查，包括对被调查对象的背景、家庭情况、社会关系等进行了解。司法社工具备的专业知识和技能，能够客观公正地进行调查评估，确保评估结果的准确性和可靠性。

调查评估的主体协调者：司法社工需要与法院、公安机关、社区等相关部门以及家属、公司、学校等关系方进行协调和沟通，确保调查评估的有序进行，并同时建立良好的合作关系，为将来共同解决社区矫正工作中遇到的问题做准备。

调查评估的意见提供者：司法社工需要将调查结果进行整理和分析，为社区矫正机构提供专业意见，帮助司法机关更好地了解被调查对象的情况，以作出更为公正、合理的判决。

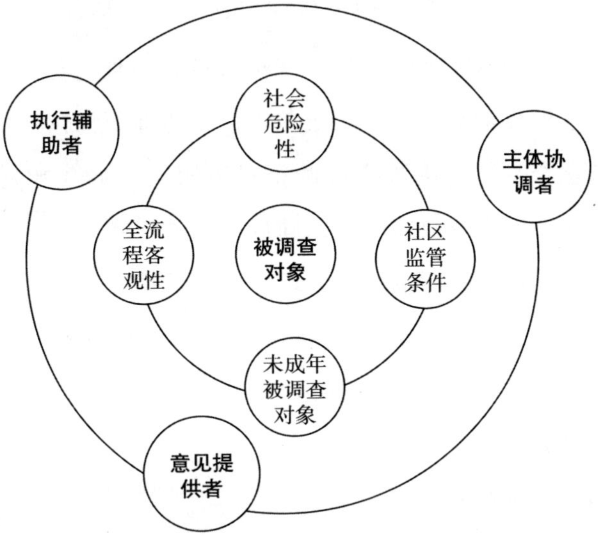

图 3-1　社区矫正社会工作“广州模式”下的精准化判前调查

精准化判前调查工作是施行社区矫正工作的重要环节，由司法社工与司法所工作人员组成调查小组，通过实地察访、个别访谈等方式开展，形成相应的调查笔录交至社区矫正机构，为其出具调查评估意见书提供科学参考，主要聚焦的关注点如下。

1. 被调查对象的调查全流程的客观真实性

确保调查评估全流程的客观真实性，主要体现在调查对象的真实性、调查内容的准确性以及调查结果的客观性。司法社工通过查验被调查对象的身份证、户口簿等可证明身份的相关资料核准其身份信息，确保调查对象的真实性；通过核验被调查对象在调查过程中提及的居住地址、工作单位等相关证明材料，确保调查内容的准确性；依据调查内容制成相应的调查笔录，经被调查对象及相关人员查阅无误后逐页签字并捺印指纹，确保调查结果的客观性。

2. 被调查对象的社会危险性

评估被调查对象的社会危险性是判前调查工作的重中之重，司法社工侧重从以下几点协助司法所工作人员开展调查：一是针对调查对象本人，聚焦于过往行为史、认罪悔罪态度、现实表现、心理状态、经济生活状况等方面，以及了解被调查对象对犯罪危害性及犯罪行为后果的认识等。二是针对其他被调查主体，主要指被调查对象家属及居住地村（居）委会等，了解他们对被调查对象违法犯罪前后及日常一贯的表现、性格等方面的评价。三是针对被调查对象的社区环境，注重调查该地是否存在导致被调查对象再犯罪风险因素，是否存在接触被调查对象犯罪案件中的被害人、控告人、举报人以及同案犯等可能诱发被调查对象再犯罪的人的可能性。

3. 被调查对象的社区监管条件

评估社区监管条件的具备与否，主要关注被调查对象以下方面的信息：

（1）居所情况：侧重评估被调查对象是否有固定居所，以及居所环境的安全情况等。司法社工可根据被调查对象对居住地址的使用权或房产权情况了解被调查对象是否在辖区内居住，以及其在辖区内长期或短期的居住意愿；通过实地查访、访谈邻居等方式了解被调查对象居住环境的安全性，确保其能够接受辖区司法所的监督管理，也能在较为安全的环境中接受社区矫正。

（2）家庭情况：侧重评估被调查对象的家庭支持情况。司法社工通过深度访谈被调查对象家属，了解其家庭成员情况、与家庭成员的融洽程度、主要社会关系、监护人或保证人具保情况以及社会交往情况等，评估被调查对象是否具备相应的家庭支持和家庭监管条件。

(3) 社会反响：侧重评估被调查对象的社会关系情况及其对居住社区的影响情况。司法社工需通过访谈了解被害人或其亲属对被调查对象实行社区矫正的态度，还需通过邻里关系及居住群体分析被调查对象居住的社区是否适宜其进行社区矫正，以及评估被调查对象适用社区矫正后可能对其所居住社区的影响等。

(4) 被调查主体协助监管的配合度：侧重评估被调查主体协助配合社区矫正监管的态度。此被调查主体通常是指被调查对象的家属、居住地所在村（居）委会及司法所、工作单位、就读学校等社区矫正相关协助监管方，司法社工可从各方对被调查对象犯罪行为的评价，以及是否愿意协助司法行政机关做好日常监管教育工作等方面着手，了解他们对协助配合社区矫正监管的态度。

4. 未成年被调查对象群体的特殊性

针对未成年人刑事案件开展判前调查服务，需要重点关注的核心问题是该未成年被调查对象的个体因素、社会因素以及两种因素之间的交互过程如何导致其实施犯罪行为，从而对未成年被调查对象犯罪行为的原因进行准确分析，对再犯可能性作出科学预测。

因此，要精准化开展未成年被调查对象的判前调查工作，除了聚焦于一般性的调查关注点，司法社工还需要运用跨学科的综合视角关注社会工作以及心理学、社会学、法律学、犯罪学和生物学等学科领域的研究成果和理论，在重点评估未成年被调查对象的犯罪情况（包括犯罪动机、犯罪情节、主观认知等）、成长经历（包括家庭生活、日常交友、就学情况等）、日常所受到的监护情况（包括家属、学校老师等主体）等方面，尽可能关注所有导致其犯罪发生的风险因素，并在此基础上进行深入的调查和分析，以求获得相对客观和全面的认识与评价。

（二）风险评估与需求分析精准化

对社区矫正对象进行深入、彻底的需求评估是社区矫正工作的基础，能为社区矫正质效的提高和发展空间的扩充提供价值引导和战略性的指导意见。精准识别社区矫正对象的需求是提高社区矫正效能的起点，需要司法社工以个别化视角动态关注并进行持续性的评估，精准定位，依需施"矫"，因人施"矫"。因此，在矫正服务领域，精准的风险评估与需求分析是极其重要的环节，以风险性、成长性与融入性为评估切入点，再针对评估结果制订个别化的矫正方案，能够有效提高矫正成功率，减少再犯率。

社区矫正对象对矫正计划的配合度将直接影响矫正措施能否产生良性效果，这意味着治疗和矫正的方案需要针对每个社区矫正对象的独特需求和问题进行设计，从而最大限度地减少社区矫正对象再犯风险，促进他们融入社会。司法社工在协助制订个别化的矫正方案时，要遵循既定的标准和指南，也应不断创新工作实践，引入新技术和思想，同时综合考虑文化程度、个人特质、身体状况、社会影响等多种因素。此外，还需要持续跟踪和评估社区矫正对象的表现，并根据需要进行调整和改进，确保方案的有效性与刑事执行的公正性。

在社区矫正社会工作"广州模式"下，风险评估与需求分析由市、区两级司法社工服务项目协作完成。市级司法社工服务项目主要负责风险评估报告的出具；针对风险评估结果为重度危险性的社区矫正对象，协同区级司法社工服务项目的司法社工对该社区矫正对象开展个案工作。区级司法社工服务项目的司法社工负责协助社区矫正对象填写风险评估问卷，并根据风险评估报告结果及初始面谈需求分析情况等素材，有针对性地为社区矫正对象制订个别化矫正方案。

市、区两级的司法社工协同发力，运用科学、专业的工作手法介入风险评估与需求分析工作，以达到精准化矫正的目标，其角色定位如下：

评估执行者：司法社工利用自身的专业知识参与社区矫正对象的风险评估与需求分析，制定和使用评估量表以进行事前的风险研判与需求分析，为后续的个别化矫正方案制订提供专业性参考意见。

矫正计划协作者：司法社工依据评估结果与矫正小组成员相互配合，交换意见，共同商定矫正计划的服务重点与服务目标，确保矫正工作的有效实施。

家庭社区联络者：司法社工通过走访或联络社区，了解社区矫正对象的家庭状况和社区环境，评估他们的家庭关系与社会关系情况，以制订针对性的帮扶计划，协助社区矫正对象构建良好的社会支持系统。

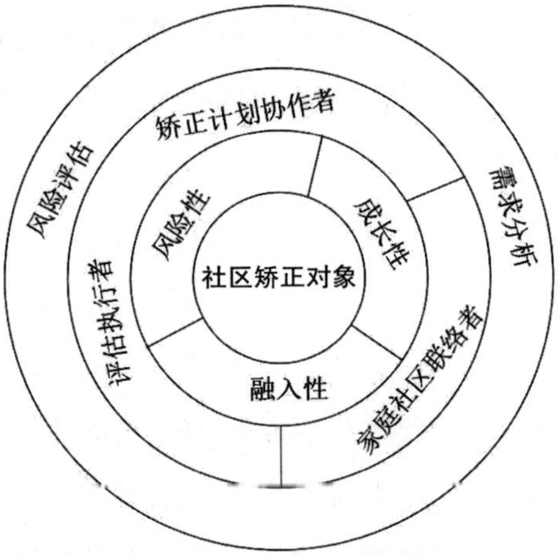

图 3-2 社区矫正社会工作“广州模式”下的精准化风险评估与需求分析

司法社工在精准化的风险评估与需求分析中需聚焦的关注点主要为以下三个方面。

1. 风险性评估：再犯风险的有效降低

犯罪学相关研究显示，社区矫正对象与其他社会人员一样具有各种需求，但又与其他群体有不同的某些特定需求。这些特定需求因素与他们实施犯罪行为有着密切联系甚至直接关联，而当这些特定需求因素产生变化时，极有可能会增强或降低他们重新实施犯罪行为的风险。社区矫正对象的特定需求要素易与危险性因素产生交叉影响，是这一特定要素的另一特点，主要表现在特定需求要素与危险性因素两者互为依托，且在一定条件下能够相互转化。例如，充满冲突的家庭关系既是引发实施犯罪行为的危险性因素，也是矫治教育介入工作中需要持续关注的一大重点。换言之，如果能促使社区矫正对象的某些特定需求与风险要素发生改变，能够有效地降低其可能重新再犯的风险。

降低社区矫正对象的再犯风险是社区矫正的根本目的，也是教育矫治的基础目标。精准的风险评估作为制订个别化矫正方案的第一步，对减少社区矫正对象风险要素影响有着举足轻重的作用，能够有效地识别和量化社区矫正对象的再犯罪风险，使矫正计划的制订与实施有的放矢。

司法社工对社区矫正对象的过往和现状进行系统性评估，通过收集和分析社区矫正对象的历史数据、行为特征、社会环境等因素，确定其再犯风险的程度和影响因素。这种评估不仅关注社区矫正对象从事犯罪活动的可能性，还可分析及预测他们在监狱或融入社会后的表现。如司法社工可通过了解社区矫正对象的家庭背景、行为史、心理状态等信息，分析社区矫正对象的行为模式、态度和动机以及行为背后的原因，评估确定他们的风险要素，找准“症”结点，以制订针对性的矫正方案，对“症”下药。

此外，保持社区矫正对象矫正状态的稳定性是社区矫正工作顺利推进的重要前提，因而司法社工除了协助社区矫正机构防止社区矫正对象脱管、漏管、虚管，还需聚焦于检视可能影响社区矫正对象矫正稳定的因素，避免社区矫正对象因这些因素的变动影响而无法按时按规按质完成社区矫正相关规定，或无暇专注于完成矫正任务，从而影响社区矫正的成效。

2. 成长性评估：个体发展的有效推进

马斯洛需求层次理论强调个体的五种需要是最基本且与生俱来的，尽管每个人可能对同一层次需求有不同的追求，但自我提升和个人成长是每个个体都会关注的需求。

对于在特定时期内接受社区矫正的社区矫正对象而言，他们或多或少可能存在诸如认知存在偏差、情绪起伏明显和身份认识敏感、不良行为习惯等影响个人成长发展的问题，因而司法社工也需加以介入跟进，协助社区矫正对象调整心态、调适情绪、调节行为，并在此基础上结合社区矫正对象的发展需求制订阶段性的个别化矫正方案。如司法社工可以以循证矫正理论中“八大风险因子”为立足点，综合、全面地分析影响社区矫正对象个体成长发展的因素，运用社会工作、心理学、犯罪学等交叉学科理论，通过评估社区矫正对象的情绪状态、就业/就学、教育履历、行为习惯等信息，了解、确定他们所面临的具体问题障碍以及个体发展的需求和方向，并根据这些信息制订个别化的治疗和矫正方案，如设立心理咨询、教育培训、职业技能培训等跟进计划，使后续的矫治教育重点能够响应社区矫正对象的个人成长需要。

3. 融入性评估：再社会化的有效促进

犯罪行为会对个人、家庭、社区等多方面造成影响，司法社工除了协助社区矫正对象完成行为的矫治，也需要帮助他们修补社会关系，促进社会融入。社区矫正对象因其特殊身份面临来自外界和内心的多重压力，在再融入社会上普遍存在一定难度，甚至可能出现家庭疏离、亲友孤立、社会排斥的局面。因而司法社工需要通过一系列评估工具和方法来了解评估社区矫正对象在社会支持网络中可能存在的问题和需求，帮助社区矫正对象修复社会关系，提高融入性。

社会支持网络认为，个体能够从亲密关系伙伴、所在社区环境以及所处社会网络等方面获得各种社会支持，从而整合形成自身特有的社会资源。而个体的社会支持网络是由多种因素交互作用而形成的，包括个人因素和环境因素，其中个人因素包括个体特征、个性、心理健康状况等，环境因素包括家庭、学校、社区等外部因素。

司法社工除采用社会支持评估量表如《领悟社会支持量表》①《社会支持评定量表》② 等来评估社区矫正对象的社会支持网络的质量和数量，更常见的做法是通过采访、观察等方法了解社区矫正对象的个人因素与环境因素，识别其心理健康是否存在问题或支持网络是否存有缺陷等。其中，身心健康、家庭关系、朋辈群体等是社区矫正对象适应环境的重要因素，因此司法社工需重点评估与关注社区矫正对象的身心健康状况，以便更好地针对情绪管理与调适制订方案；了解社区矫正对象与家庭成员的融洽程度，以制订和提供相应的家庭支持计划；检视社区矫正对象朋辈群体的良性情况，以协助社区矫正对象丰盈朋辈关系支持，建立更多的社交关系等。

司法社工通过评估检视社区矫正对象的社会支持系统，依需制订个别化的支持计划，针对性地提供诸如支持网络的重构与支持力度的增强等服务，以采用适当的干预方法帮助他们构建更加稳固和有效的社会支持网络，提高他们的社会融入度，促进再社会化。

（三）教育矫治精准化

损害修复理论③视角下的社区矫治聚焦于社区矫正对象复归角度，该理论认为社区矫正对象扭曲和反社会的人格特征是他们实施犯罪、破坏社会秩序的根本原因。因此，要减少犯罪风险、恢复社会正常秩序，对社区矫正对象实施惩罚并不能完全解决问题，而是应着眼于对社区矫正对象进行个别化的、具有针对性的矫治教育，通过特定的矫治方式和教育矫正措施，促使社区矫正对象能够恢复正常的人格，降低乃至消除其人身危险

---

① 《领悟社会支持量表》（PSSS）由布卢门撒尔等于 1987 年编制，后经姜干金译制修改形成中文版本。该量表共有 12 个条目 3 个分量表，包括家庭支持、朋友支持和他人支持等维度，用于测定个体对来自家人、朋友和其他人员的支持的感受程度，并以总分反映个体感受到的总社会支持度。

② 《社会支持评定量表》（SSSR）由肖水源于 1986 年编制，该量表共有 10 个条目，包括客观支持（3 条）、主观支持（4 条）和对社会支持的利用度（3 条）三个维度。

③ 埃里克·J. 沃达尔，布雷特·加兰德. 社区矫正的演变：监狱的影响［J］. 监狱期刊，2009（89）.

性，让社会的正常秩序能够得到有效的恢复。

教育矫治精准化旨在通过科学、规范、个性化的矫正方案，帮助社区矫正对象重新塑造人格、融入社会，最终成为一名守法公民。传统的教育矫治模式存在诸如缺乏针对性、忽视个体差异等弊端。而精准化的教育矫治则强调根据专业视角对每个社区矫正对象的不同情况制订个性化矫正方案，并通过科学、有效的手段帮助他们重新融入社会。教育矫治精准化注重对社区矫正对象的人格塑造和心理健康的培养，能够有效地消除社区矫正对象与社会的隔阂和抵触情绪，增强他们对社会的认同感和归属感，以更好地满足矫正需求，提高矫治效果。

在社区矫正社会工作“广州模式”下，市、区两级司法社工服务项目司法社工均有开展此项服务，并以多重关键角色嵌入其中，主要的角色定位如下：

专业服务提供者：司法社工为社区矫正对象提供包括心理咨询、职业指导、生活技能培训等服务，帮助他们改正错误，重新融入社会。

教育学习组织者：司法社工组织如法律教育、社会规范教育等主题教育学习活动，以提高社区矫正对象的自我管理能力和社会适应能力。

分类矫正实施者：司法社工在面对不同类型的社区矫正对象时，需要根据他们的特定问题和需求，实施有针对性的分类矫正措施，以实现矫正效果的最大化。

专业知识传播者：司法社工需要不断学习和更新知识，将专业知识应用于矫正工作中，提高服务质量。

程序进展监督者：在恢复性矫正程序中，司法社工负责监督程序的进展，确保矫正活动按照既定的计划和程序进行。

资源整合运用者：司法社工在社区矫正过程中整合相对应的可利用资源为社区矫正对象的监督管理和教育帮扶提供支持。

个人优势激励者：司法社工在社区矫正工作中应善于鼓励社区矫正对象

挖掘并发挥自身的优势，引导他们发挥个人的优势特长参与社区矫正活动，提高他们参与度的同时亦能够提升他们的自信，促进良性行为习惯的养成。

权利义务守护者：司法社工在实践中需要明确自己的职责，在社区矫正工作中，司法社工充当的不仅是协助监管者，也是帮扶者，同时特别注意保护社区矫正对象隐私，要注重在法律框架内为社区矫正对象提供专业的服务与支持。

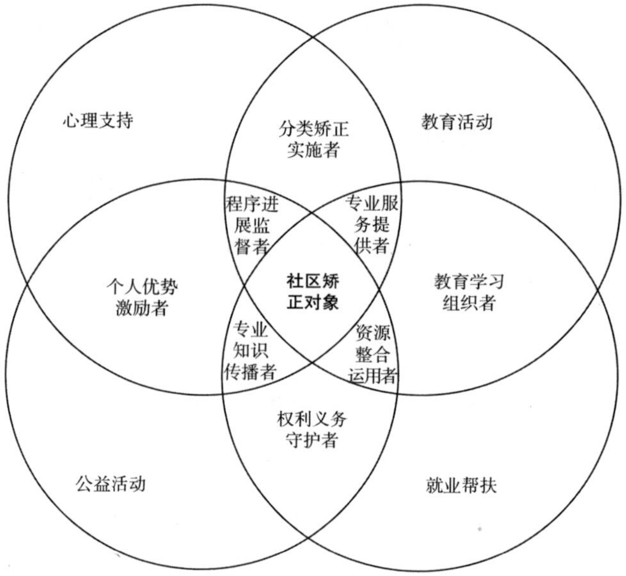

图 3-3 社区矫正社会工作“广州模式”下的精准化教育矫治

《中华人民共和国社区矫正法》为司法社工在社区矫正中的角色和职责提供了法律保障，并强调了司法社工在教育帮扶中的重要性。司法社工在社区矫正中的作用是多维度的，既要协助司法行政机关进行监督管理，也要提供专业的社会工作服务；既要协助社区矫正对象顺利度过矫正期，也要帮助社区矫正对象实现再社会化。随着社区矫正工作的发展，司法社工的角色和职责也在不断地调整和创新，以适应新的法律和社会需求。

在社区矫正社会工作“广州模式”下，教育矫治精准化服务开展聚焦的关注点如下。

1. 教育活动“分段”“分类”

社区矫正教育能够发挥促进作用，修正社区矫正对象的非理性信念、转变不良心理、改变行为恶习，以引导社区矫正对象实现再社会化，是社区矫正机构进行系统性教育活动的方式之一。因此，在社区矫正制度中，教育工作开展是最为重要的环节，而社会工作介入教育矫正服务的服务思路和工作标准是确保社区矫正对象在社矫期间能够得到全面、专业、贴心的帮助，以便他们能够更好地适应社会生活，减少再犯罪的风险。

司法社工通过入矫初期对社区矫正对象开展的全面评估，了解他们的个人情况、家庭背景、社会关系、学历和能力等情况后，制订针对性更强的个别化教育矫正服务计划，同时结合群体的多数需求或共性需要，组织开展主题多元化、内容多维化、形式多样化的教育活动，在引导他们顺利度过矫正期的同时，促使他们获得更好的就业机会，提升生活品质，顺利融入社会。

“分段”式教育活动强调社区矫正对象在不同的矫正阶段有不同的需求特征，司法社工开展教育学习必须分阶段进行，以此提高矫正教育的针对性。如针对新入矫的社区矫正对象，司法社工主要通过教育协助他们进行身份适应，使他们明确在社区矫正过程中需遵守的规定要求、必须完成的教育学习任务以及享有的权利义务。入矫中期则侧重于保持社区矫正对象的在矫稳定性以及提高他们的社会融入度，如司法社工可通过开展心理辅导、家庭关系调适及职业培训等主题教育学习课程，多维度协助社区矫正对象稳定情绪及生活状态，以顺利度过矫正期，促进再社会化。在矫正后期，司法社工的教育主题应当注重思想教育、心理辅导、政策宣传等，如可指导社区矫正对象对社区矫正过程进行全面回顾总结（解矫前教育），促使社区矫正对象反思走上犯罪道路的原因，明确今后的努力方向。

“分类”式教育活动强调司法社工应根据同类犯罪类型或有同种需求的社区矫正对象的共性特点，为他们制订专项教育内容，开展集中教育活动。对不同犯罪类型的社区矫正对象，司法社工侧重于关注他们犯罪类型的不同特点开展教育活动，以修正他们的不良行为或观念等。如针对暴力犯罪类社区矫正对象，司法社工可开展人际关系教育，使他们学会正确处理各种矛盾和人际关系；针对财产类社区矫正对象，司法社工可协助引导他们树立健康的理性金钱观与消费观，培养正确的人生观与价值观；针对交通犯罪类社区矫正对象，司法社工可开展交通安全宣传，普及交规并协助端正其侥幸心理等，引导社区矫正对象树立科学的安全观与正确的价值观。对于有同种需求的社区矫正对象，司法社工侧重于以需求为导向设计教育活动方案，如针对存在心理困境的社区矫正对象，司法社工可通过开展情绪管理讲座协助他们释放压力、调适情绪，协助社区矫正对象保持良好的情绪状态；针对欠缺家庭支持的社区矫正对象，司法社工可通过开展改善家庭关系等主题教育，协助他们营造良好的家庭氛围，促进家庭和谐等。

2. 公益活动“优”“需”俱全

司法社工在介入社区矫正公益服务活动时，需要根据社区矫正对象的需求、优势、特点和个人情况，制订针对性更强、可操作性更优的公益服务计划，达到如修复社会关系、提高社会责任感和道德感、更好地融入社会等目标。

司法社工可结合社区矫正对象的个人优势及社区特色举办相应活动，如组织社区矫正对象加入志愿者队伍，通过鼓励有理发技能的社区矫正对象到社区开展义剪活动；有医疗技能的社区矫正对象为失独失孤老人、留守儿童开展义诊活动；有绘画技能的社区矫正对象参加社区墙绘活动，为社区居民营造美丽舒适的生活空间；有书法技能的社区矫正对象在春节期间为社区居民书写对联等活动，充分发挥社区矫正对象的个人优势和资源，在提高他们参与度的同时，也能够提升他们的自信，有利于引导他们自发、主动地参与社区活动，提高社会融入度。

与此同时，司法社工的公益活动策划还需兼顾社区矫正对象的需求。如司法社工可以引导社区矫正对象以志愿者的身份参与公益服务，促使他们习惯于以正面形象展示于人前并融入社区，减少他们的身份敏感性，使他们更好地修复自身与家庭、社会之间的关系；联动交通管理部门组织违反交通运输管理法规的社区矫正对象参加协助道路指挥公益活动，使他们身临其境切实体会遵守交通规则、按规行车的重要性；与村（居）委会合作开展村（居）环境卫生改善活动等，组织随意破坏社会环境的社区矫正对象参与，促使他们切实感受保持良好社会秩序、维护社会环境安全的重要性，有利于提高他们的社会责任感；组织乱砍滥伐罪名的社区矫正对象开展植树活动，协助他们修复人与社会环境之间的关系等。

3. 心理支持以"点"携"面"

犯罪心理并非孤立存在，而是人心理反应的一部分，并受到社会环境等多重因素的影响。犯罪心理的良性转化，指通过内外的积极因素，减弱甚至消除犯罪的心理倾向。无论是削弱消极的心理因素还是强化积极的心理因素，都需要通过循序渐进的方式进行。而促使犯罪心理转化的动因是复杂的，既包括外部环境以及矫治和教育的改变，也包括自身内心仍存在的良知、同情心、罪错感等正面因素。因此，司法社工在矫治社区矫正对象时，不仅要借助外部手段培养他们的道德意识和法治观念，更要尽可能地激发他们内心的正面潜能。而心理支持服务是重要手段之一，司法社工可以通过提供个别化或团体心理健康支持服务进行教育和引导，帮助社区矫正对象恢复自尊，增强自信，提升社会责任感，从而重建他们的健全人格，避免再次走向犯罪的道路。

个别化心理支持服务可以帮助社区矫正对象发掘并解决自身的心理问题，如缺乏自信、攻击性情绪、焦虑等。司法社工通过入矫初期开展精准化需求评估结果，结合深度面谈和全面观察等方式了解社区矫正对象的心理状态和问题所在，应用相关的心理治疗技术，例如：认知行为疗法、人际关系治疗、生物反馈、心理动力学等，帮助社区矫正对象克服犯罪带来的负面影响并提供适时、适切的心理支持服务。

个别化心理支持服务主要在矫正前期阶段开展，聚焦于社区矫正对象个体本身，以一对一的心理辅导介入响应个别教育需求，落实个别化心理矫治。当社区矫正对象个体的心理支持得到一定程度上的满足，此时辅以适当的团体心理支持能够较好地巩固前期个别化心理矫治成效，使团体内部成员有足够的“能量”注入新的环境，实现成员彼此之间“能量”的有效互动与流通。

在团体心理支持服务中，社区矫正对象得以与同类人群进行交流、互相支持和理解，并共同克服自身障碍。司法社工需要根据不同的人群制订不同的心理支持服务计划。例如，在社区矫正对象团体中，可以通过开展“自我认知”“情绪控制”等课程，帮助社区矫正对象调整态度和建立健康的行为习惯。而在成瘾者团体中，可以通过开展“12 步骤疗法①”和“戒毒就业”等课程，帮助成瘾者恢复自信、培养健康生活方式。在女性团体中，可以通过叙事疗法，帮助她们更好地正视问题本身、缓解负面情绪并提高自我价值感。在焦虑、抑郁等患者团体中，可以通过支持性心理治疗、认知行为疗法等手段，帮助他们恢复健康、提高自我管理和适应能力。同时，司法社工还可以通过举办各种文化活动等方式来提高团队凝聚力，增强成员彼此之间的信任和支持。

4. 就业帮扶“内”“外”兼顾

就业是民生之本，能够帮助个体获得经济独立，提升生活质量；帮助个体建立社会关系，拓宽社会支持网络；提高个体的技能和能力，帮助个

---

① 12 步骤疗法是在欧美已风行近一个世纪的戒瘾行为课程。最早使用此方法的是 1935 年成立于美国的戒酒匿名会（Alcoholics Anonymous），其程序是通过承认自己无法控制自己的上瘾症，相信有更强的力量可以提供支持，在有经验的会员的帮助下，检视自己以往的错误，针对错误作出修正，学习以新的行为规范展开新生活，帮助其他有类似上瘾症的人等步骤。协助戒除酒瘾、药瘾、烟瘾等成瘾行为，找回心灵的平静，重拾安稳的生活。

体实现自我价值。因而为社区矫正对象提供就业帮扶，促进就业，从而提高职场融入度，也是协助他们提高社会适应性、顺利回归社会的重要保障。

在社区矫正社会工作“广州模式”下，司法社工开展就业帮扶聚焦于提升内“能”与促进外“链”。

在提升内能上，司法社工注重从提升社区矫正对象自身的学历、就业技能以及职场融入度着手，提高他们的就业竞争力，增强社会生存能力，促进再社会化。如司法社工可以为社区矫正对象提供职业规划指导，并根据每个人的情况（如兴趣和工作能力）进行量身定制，以便制订切实可行的、有职业前景的发展计划；可以通过组织社区矫正对象开展诸如电脑知识、办公技巧、职场礼仪等有针对性的就业技能培训讲座等方式，帮助他们更好地适应职业发展需要，同时鼓励社区矫正对象持续学习和实现专业发展，以提高其就业能力；通过职场辅导的方式，帮助社区矫正对象树立自信心和保持积极向上的心态，协助他们应对包括压力、自尊和法律等职场常见问题，提高他们适应职场环境的能力，并实现职业稳定的目标。若条件许可，司法社工还可以创建一个支持网络（如社区矫正对象职业适应小组），以帮助社区矫正对象应对挑战并获得情感支持，提高他们在职场的融入度。

在促进外“链”上，司法社工侧重于链接相应的就业资源，从对接就业实践资源方面推动社区矫正对象实现就业，顺利进入社会，降低再犯罪风险。如司法社工可以通过在社区内广泛收集就业信息，或主动与雇主和公司联系了解空缺岗位及对应的岗位要求等为社区矫正对象推送招聘信息；或通过开展招聘会和岗位对接活动，邀请能响应支持社区矫正工作的社会企业参与，进一步增加社区矫正对象的就业机会。若条件许可，司法社工还可以联合企业或公司创造爱心岗，为社区矫正对象群体提供专属公益岗位，提高就业率。此外，司法社工也应持续关注相关的就业政策，为有自主创业需求的社区矫正对象提供相关的创业规划和政策支持，包括政策宣讲、创业资金申请等。

（四）特殊群体矫正服务精准化

社区矫正对象的特殊群体主要包括未成年社区矫正对象和需临时救助的社区矫正对象，他们相比其他人自主能力趋弱，再犯风险更高，重新融入社会的挑战更大，更需要矫正服务精准化。

1. 未成年社区矫正对象

未成年人犯罪是一个严峻的社会性问题。众所周知，未成年人犯罪对社会的影响之深远，并不是一般统计数据可以直观呈现的，无论在行刑、教育、回归社会方面的投入，还是在再次犯罪、弥合社会关系的成本上，未成年人犯罪对全社会的影响持续累积，其影响力较成年人犯罪而言更深入、广泛。因此，在保障未成年人权益的前提下，为降低社会成本，只有将犯罪预防和教育矫正有效落实，才能从根本上解决未成年人犯罪问题。

在司法矫正服务领域，司法社工在未成年社区矫正对象的介入工作中有着举足轻重的作用，可以协助社区矫正机构和相关法律部门更好地了解未成年社区矫正对象的家庭背景、心理状态和教育情况，并协助他们增强自我管理能力和社会责任感。

在社区矫正社会工作“广州模式”下，未成年人社区矫正工作中的司法社工角色定位如下。

评估与规划者：司法社工对未成年社区矫正对象的行为模式、心理状况、家庭状况和教育背景进行综合性评估，以识别他们的需求和潜在风险。基于这些评估结果，司法社工将量身定制一套矫正方案，涵盖教育、技能培训、心理辅导和家庭支持等多方面，旨在促进未成年社区矫正对象的积极改变。

协调与联络者：司法社工负责整合各类服务资源，包括教育机构、医疗保健、心理咨询服务和职业培训等，以确保未成年社区矫正对象能够获得一系列连贯、综合的支持。作为连接未成年社区矫正对象及其家庭、社区和相关服务提供方的纽带，司法社工需持续推动各主体有效沟通和协作，以保证服务的延续性。

教育与监督者：司法社工为未成年社区矫正对象提供关键的生活技能教育，包括矛盾冲突解决、负性情绪调节和社交能力提高等，帮助他们更好地融入社会。同时，司法社工还负责监督未成年社区矫正对象是否遵循矫正计划，并对其行为进行指导和调整。此外，司法社工应详尽记录未成年社区矫正对象的矫正进程，包括他们的进步、遇到的挑战和接受的服务，以便评估矫正成效并对计划进行适时调整。

倡导与支持者：司法社工为未成年社区矫正对象争取必要的资源和保障他们的合法权益，避免他们受到不公正对待。同时，司法社工还致力于提升公众对未成年人社区矫正工作的理解和支持。此外，司法社工为未成年社区矫正对象提供情感支持和鼓励，帮助他们树立自信、克服挑战，并激励他们积极参与社区活动和遵循矫正计划。

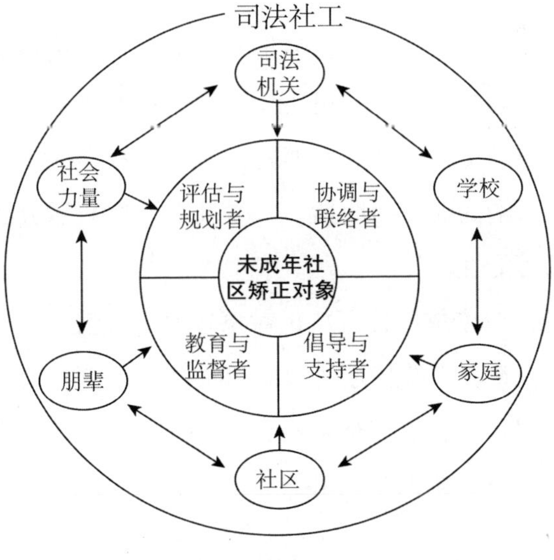

图 3-4　社区矫正社会工作“广州模式”下的精准化未成年人社区矫正

在社区矫正社会工作“广州模式”下，司法社工在未成年人社区矫正工作中聚焦的关注点如下。

（1）家庭：萨提亚①认为家庭对每个人的影响都非常大，每个人在家庭中生活的经验是人早期的学习经验，将会陪伴人的一生。因此，司法社工可综合运用家庭治疗模式，让未成年社区矫正对象及其父母认识到良好家庭关系的重要影响。当发现家庭内部出现问题时，司法社工引导他们通过运用良性的沟通方式促进家庭成员间的理解与包容，以改善其家庭关系，为未成年社区矫正对象矫正帮扶提供良好的家庭环境支持。

（2）学校：学校是未成年社区矫正对象的第二重要场所，司法社工在充分利用、调动学校及学校老师等资源，保障未成年社区矫正对象正常教育活动的同时，还需引导未成年社区矫正对象积极参与学校各项活动，融入班集体。引导未成年社区矫正对象主动向同学和老师展现自己的优点与长处，为班集体作贡献，促使他们养成良好的行为习惯，增强他们的融入积极性和社会责任感。

（3）朋辈群体：周围群体对未成年社区矫正对象形成的同辈效应可能对未成年社区矫正对象个体的认知发展、行为塑造、精神追求及支持系统等方面产生一定的影响。因此，司法社工可通过改善未成年社区矫正对象的朋辈环境，引导结交积极向上的朋友，减少与社会人士的来往，降低因讲江湖义气，为所谓的朋友两肋插刀，受社会违法犯罪分子引诱、威逼而致使其再犯罪的可能性。

（4）心理状态：未成年社区矫正对象普遍具有情绪易波动、思想较单纯、可塑性高、猎奇心强等特点；因而司法社工需持续动态关注他们在社区矫正期间的心理状态，了解他们可能存在的心理问题并及时介入跟进，使他们掌握调节自身情绪的技巧和方法，避免用消极态度去逃避或对抗。

---

① 萨提亚（Virginia Satir）被广泛认为是家庭治疗领域的先驱之一，在心理治疗界尤其以创新的家庭治疗方法和人本主义观点而闻名，其主要理论有成长模型及家庭重塑技术等。出版了《人际关系的艺术》《自我成长》《家庭治疗的共同体》等专著。

此外，司法社工还可以运用认知行为矫正等心理学理论，帮助他们改变自身的非理性信念，建立理性思维，从而改变错误认知，达到消除问题行为的目的，并培养他们良好的行为习惯，以达到帮助他们的行为符合社会主流价值观要求的目的。

（5）个体成长：对未来的规划和发展等存在迷茫和焦虑感是未成年社区矫正对象的另一特点。因而，司法社工需依据未成年社区矫正对象个别化成长发展的需要，结合他们的生活状况与思想状况、矫正效果等制订阶段性干预策略，协助他们寻找自己的人生目标，做好人生规划。如针对有再就学需求的未成年社区矫正对象，司法社工可提供相应的招生资讯，或协助他们制订备考计划等；针对正在就学的未成年社区矫正对象，司法社工则应侧重跟进他们的学业完成情况；针对有就业需求的未成年社区矫正对象，司法社工则可通过开展职业技能培训、法律知识普及等教育活动，促使未成年社区矫正对象的社会适应能力与生活技能得到提高，协助他们提升自身的就业竞争力等。

例如，在黄埔区的未成年社区矫正对象胡某，司法社工在入矫初期发现其有以下情况亟须介入：在监管配合度方面，胡某服从监管意识淡薄；在家庭方面，胡某因家人对其屡教不改的行为失望，家庭亲子关系逐渐破裂，关系紧张；在学校方面，胡某时有逃学情况，有荒废学业的迹象；在朋辈方面，胡某常和社会闲散人员来往，夜不归宿，此次犯案亦是伙同社会闲散人员实施抢劫，走上犯罪道路；在心理健康方面，胡某有轻度焦虑、抑郁倾向，曾发生过自残自虐行为；在个人成长方面，胡某感觉自身被贴上“罪犯”标签，有荒废学业的迹象，对未来充满迷茫，心中充满焦虑。

针对未成年社区矫正对象胡某的情况，司法社工以“一对一”的方式进行介入跟进。在家庭方面，司法社工运用家庭结构治疗协助胡某及其家人改善沟通方式，修复家庭关系，促使家庭关系实现良性转变；在学校方面，司法社工联合司法所积极与胡某学校班主任沟通，引导学校等主体协助为胡某营造良好的就学环境；在朋辈方面，司法社工引导胡某认识到不良的朋辈群体对其人生可能产生的负面影响，引导其逐渐远离不良社交圈；在心理健康方面，司法社工链接专业心理医院，引导胡某积极接受专业的心理情绪疏导和药物治疗，缓解心理问题，同时为胡某普及未成年社区矫正对象的信息保护及保密措施，协助其缓解内心的恐慌感，摘去"罪犯"标签；在个人成长方面，司法社工引导胡某认真规划未来，鼓励其认真备考，以顺利完成学业后步入下一个人生阶段。

经过司法社工的持续动态关注与介入跟进，在矫正后期，胡某对家庭的归属感明显提高，亲子关系也得到明显的改善；在校期间能专注提升知识储备，合理作息，顺利完成各科考试；脱离了原先的不良社交圈，结交新的正向朋辈群体，不良行为也得到良好的矫治；通过专业心理医生的介入与治疗，心理问题已经逐步解决；良好完成院校的毕业要求并顺利结业，正式步入社会实习工作阶段，司法社工继续为其提供就业帮扶跟进。

2. 需临时救助的社区矫正对象

司法社工根据日常工作接触和非参与式观察，发现社区矫正对象的现实需求，为有确实需要的社区矫正对象提供相应的临时性救助服务，帮助社区矫正对象摆脱困境，支持他们的个人成长和发展。在社区矫正社会工作"广州模式"下，司法社工为临时救助社区矫正对象开展精准化服务的主要角色定位如下。

信息调查者：司法社工在救助服务开展前期需要了解社区矫正对象的家庭情况、背景、遭遇的突发情况以及当下的状态，以便更好地准备和提供帮助。

服务提供者：司法社工提供包括物质帮助、劳务服务、心理辅导和政策信息解答等在内的服务，这些服务是在充分了解社区矫正对象需求的基础上提供的，旨在以平等和适宜的方式帮助他们。

资源筹措者：司法社工通过联系相关方如政府、服务机构来整合和链接服务资源，并负责协调不同的服务与资源为有受助需求的社区矫正对象提供更全面的帮助。

治疗与使能者：司法社工通过直接和间接的介入服务，帮助社区矫正对象提升反贫困的能力，激发他们的潜能，提高摆脱贫困的心理动能。

管理与影响者：司法社工在工作过程中对整个服务进行有效的控制，对相关社会资源及信息进行安排、协调和管理，以高效率地实现社会工作的目标。司法社工通过政策倡导帮助受困的社区矫正对象获得必要的救助待遇和更多的发展机会，协助他们抵御不利影响。

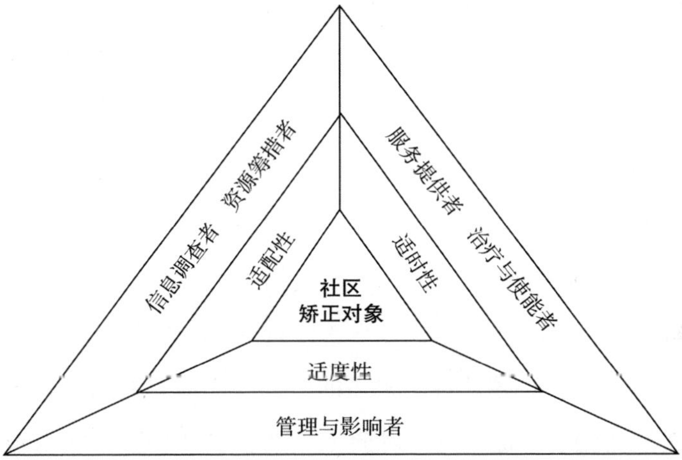

图 3-5　社区矫正社会工作“广州模式”下的精准化临时救助服务

在执行这些角色时，司法社工遵循“五心”工作原则，即细心、耐心、真心、恒心和责任心，以确保服务的质量和效果。此外，司法社工还需要关注社区矫正对象的“五种需求”，即生理需求、安全需求、社交需求、尊重需求和自我实现需求，并聚焦于提供援助的适时性、对标需求的适配性以及资源供给的适度性。

（1）适时性：强调司法社工提供援助的及时性，以确保社区矫正对象的最低生活保障能够获得满足。主要针对因突发事件、意外伤害、重大疾病或其他原因导致基本生活困难、衣食温饱难以得到保障的社区矫正对象，司法社工及时为其链接相关资源给予应急性救助，如可以通过提供临时住宿或帮助社区矫正对象找到合适的住房等为有需要的个人提供短期住房援助；协助他们获得食品援助计划，通过提供即食餐、分发食品券，或将社区矫正对象转介给提供粮食援助的其他组织。

（2）适配性：强调司法社工应动态评估社区矫正对象的救助需求，使提供的援助能够精准对标社区矫正对象的需要。司法社工需评估了解社区矫正对象的需求点，除了聚焦在受困环境当下的救助需求，还需关注社区矫正对象受困后续的其他附带性需求诸如心理干预、法律援助、政策支持，以及受事件影响的家属如老人或儿童的关怀需求等。

如针对社矫期间因出租屋突发火灾丧失居所而陷入困境的社区矫正对象黄某，司法社工协助司法所工作人员为黄某及其家人提供临时安置场所，链接取暖衣物，解其燃眉之急。在后续，司法社工也为黄某及其家人开展心理干预，协助疏导他们的情绪，提供个人及家庭的心理支持服务。同时，链接调解及法律资源等为黄某财产损失的后续处理提供必要的法律援助服务等。

（3）适度性：强调司法社工提供的救助服务应是暂时且适量的，即救助资源非长期为同一个社区矫正对象提供的，避免社区矫正对象产生依赖及惰性心理。在满足应急性的基本生活保障前提下，司法社工侧重于挖掘社区矫正对象的资源，包括个人潜能及社区资源。可通过引导社区矫正对象挖掘自身资源并加以整合和运用，或协助社区矫正对象与当地社区组织建立联系以获取来自社区的支持，以促使社区矫正对象尽快摆脱受困环境回到正常生活轨道。

如针对长期缺乏住房保障的社区矫正对象，司法社工在链接临时安置场所，为其提供居住、生活学习空间的基础上，还可以协助符合相关条件的社区矫正对象申请落实低保及相关保险保障，或协助社区矫正对象个人协调各种资源，对接可提供支持的其他组织（社会福利机构、政府部门、基金会等）、提供信息与沟通、与其他部门建立联系或帮助他们申请福利和援助计划等。同时，通过扩大社区矫正对象的资源支持体系，并协助其加以整合运用，为社区矫正对象解决困难、走出困境提供帮助，避免因困难无法解决而实施犯罪。

三、建设规范化

随着社会工作在基层社会治理体系和治理能力现代化建设过程中的作用凸显，广州市司法局高度重视社区矫正社会工作管理运营的规范化，先后印发《广州市司法社会工作项目体系建设实施方案》（穗司发〔2015〕17 号）、《广州市司法社会工作项目购买服务实施细则》（穗司发〔2015〕92 号）文件，由此社区矫正社会工作规范化建设纳入社区矫正规范化建设。在广州市司法局的指导下，广州市司法矫治协会发挥职能作用，制定符合广州本土社区矫正社会工作发展要求的《广州市司法社会工作服务项目评估体系》。2021 年 3 月，广州市司法局正式印发《广州市司法社会工作服务项目评估办法》（穗司规字〔2021〕1 号），对市、区层面司法社工项目的体系、管理程序、服务内容等进行了明确的规范，社区矫正社会工作的建设指导、标准审查与评估有了专门的机构，社区矫正社会工作行业管理、督导、培训、服务和评估机制趋向完善，制度化、规范化、科学化的广州市社区矫正社会工作时代来临。

（一）项目体系建设规范化

为增强社区矫正工作教育帮扶效果，加强社区矫正社会工作服务规范，提升司法社工服务成效，广州市司法局出台系列文件，规划部署市、区两级司法社会工作项目内容及参与主体分工，建立司法社会工作项目体系，建设具有广州特色的社区矫正工作模式。

1. 建立“纵横结合”项目体系

明确司法社工项目工作内容及职责，按“市、区”两级进行“纵向”

分工，促进两级司法社工项目内容互为补充，相互支持。同时，推动社区矫正工作人员、司法社工及社会力量的“横向”分工的厘清，促进社区矫正工作质效深度发展。

市级司法社工项目由市级行政机关实施购买，结合数据整合、资源统筹优势，项目内容主要涵盖犯罪预防、特殊社区矫正对象服务、司法社工服务质量监测与提升、实务研究等，具体包括专业培训及绩效评估服务、释前辅导服务、职业技术学校犯罪预防服务、司法处置服务、未成年人社区矫正服务等。①

区级司法社工项目由区级行政机关实施购买，充分发挥直接服务、在地优势，项目内容主要涵盖社区矫正重要工作环节、社会工作专业服务、心理健康、特殊社区矫正对象服务等，具体包括判前社会调查、初始评估、教育矫正、公益活动、适应性帮扶、心理矫治、青少年社区矫正服务等。

在社区矫正工作过程中，行政执法部门和司法社工组织协同合作，相互补充。社区矫正工作人员主要负责行使执法监管职能，司法社工主要负责发挥教育帮扶功能，社会组织、社区志愿者等社会力量发挥协助帮扶的作用。司法社工项目体系中各方参与主体的分工逐步明确，为推动社区矫正工作开展奠定基础。

2. 提供“合理周全”工作保障

一是加强组织领导。建立完善的全市司法社工项目体系，包括项目运营标准、招投标标准、申报审核程序、以奖代补办法、考核评估指标及程序等管理细则的制定，以及对各区（县级市）的监督指导等。由市司法局牵头，市民政局、市财政局配合，相关职能部门提供协助。各区（县级市）预算单位和财政局，负责辖内司法社工项目的招投标、合约签订及资

① 广州市司法局．广州市司法社会工作项目体系建设实施方案（穗司发〔2015〕17 号）［EB/OL］．（2015-01-19）［2024-01-23］．https：//sfj. gz. gov. cn/gzssfj/ztlm/rddbjyhzxta/content/post_5548166. html.

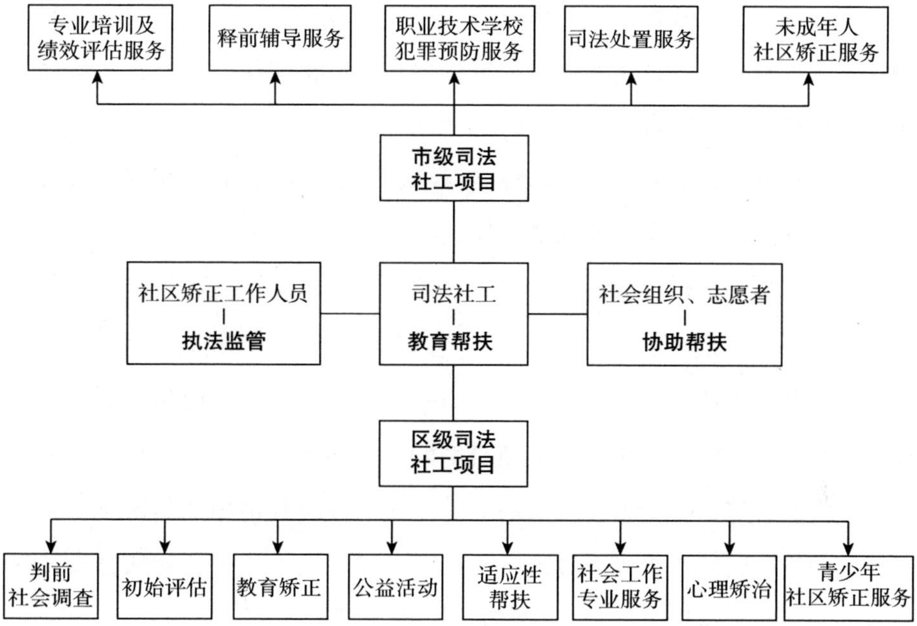

图 3-6　司法社工项目体系组织架构

金划拨、绩效评估、日常监管等工作。

二是保障工作经费。市、区（县级市）司法社工项目的经费按照服务对象与社工 20∶1 的比例确定（其中未成年人社区矫正、青少年社区矫正项目以及其他专业要求较高的项目按 15∶1 的比例确定），每名社工的购买服务经费为每年 10 万元。专业培训、绩效评估和实务研究等特殊项目，以一事一报的方式确定项目经费。各区（县级市）将本级司法社工项目经费纳入公共财政预算，市财政为市级司法社工项目提供经费保障并纳入公共财政预算。

三是规范行业管理。成立广州市司法矫治协会，加强行业自律管理，与高校联合开设专业课程，建立司法社工资质认证、督导和培训制度，为广州市司法社工队伍提供充足的人才储备。逐步完善司法社工行业管理、督导、培训和服务机制，培育发展一批司法社工组织，不断提高司法社工队伍专业水平。

在市、区（县级市）层面推行不同内容、相互补充的司法社工项目，为社区矫正对象提供司法矫治服务，实现社区矫正工作中司法行政机构工作人员与司法社工两者工作内容的科学划分，促使执法监管职能与教育帮扶功能的合理分配，进一步推动行政执法部门与司法社工组织的协调互动，实现社区矫正工作成效的最大优化。

（二）项目购买程序规范化

为进一步规范项目购买工作，完善司法社会工作项目的购买服务程序，提高财政支持司法社会工作的科学性和公正性，广州市司法局出台系列文件，对市、区层面司法社工项目的购买服务范围、组织管理、资金支持、绩效监管等进行清晰、明确的界定，在保证事权清晰的情况下，引导市、区两级社区矫正机构通过政府购买服务项目的方式建设司法社会工作项目。以下主要从组织管理、具体流程进行介绍。

1. 购买服务的组织管理

市、区司法行政部门作为司法社工项目的购买主体，承担编制市、区两级司法社会工作项目的资金预算，规范司法社工项目申报，考核、跟踪、监督、验收项目实施情况，配合财政部门做好司法社工项目的绩效评价工作，并对承接司法社工项目的社会组织实施项目情况进行绩效评价，确保市、区（县级市）层面社工项目服务的合规性和效果性。

市、区财政部门负责主要内容：汇总编制本级政府购买服务项目预算，对司法行政部门编制报送的政府购买司法社工服务项目预算进行审核；下达项目预算，并按照国库集中支付的规定办理资金拨付；对资金的使用、管理进行指导、监督检查和绩效评价。

市、区民政部门负责主要内容：试点性、示范性的司法社工项目的立项、购买、评估工作；协助制订司法社会工作的发展规划、政策和职业规范；协助制定司法社会工作制度体系及运行机制；协助统筹规划政府购买司法社工项目；协助组织实施司法社工项目的评审、绩效评估和考核工

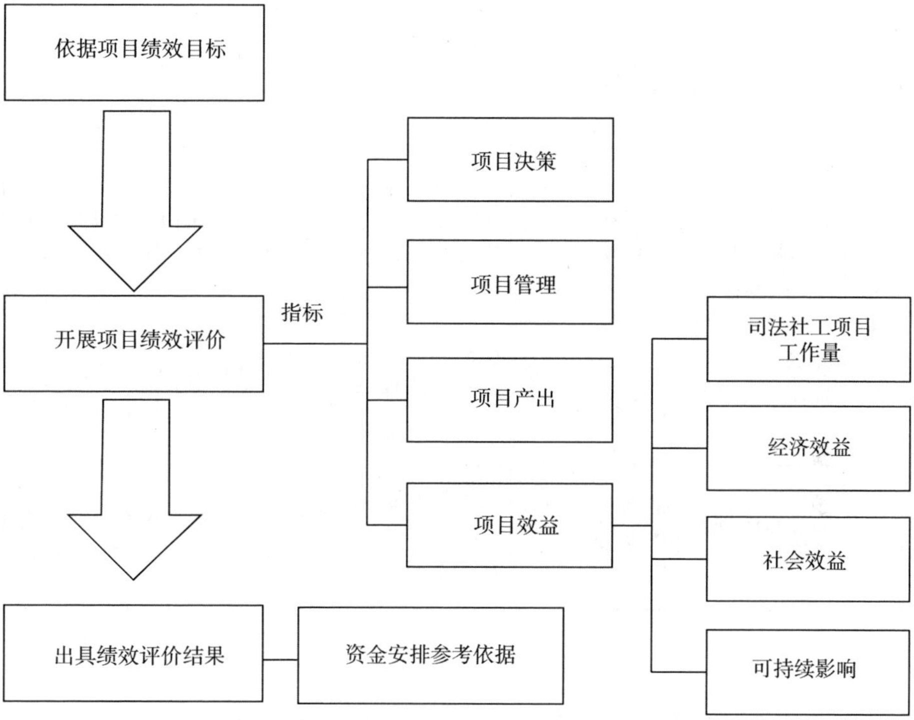

图 3-7 项目绩效评价流程及指标

作；培育发展司法社会工作类社会组织；依法依规对相关社会组织进行监督管理。

相关社会组织负责主要内容：承办项目的社会组织负责实施服务计划，组织社工参加司法社工课程培训，制订项目资金计划，对项目资金进行财务管理和会计核算，就服务项目开展情况定期向购买主体及有关机构报告，接受有关部门和社会的监督检查及考核评估，按要求提供项目执行情况的报告及有关材料。广州市司法矫治协会负责加强行业自律管理，与高校联合研发开设专业课程，建立督导机制和培训机制，逐步完善司法社会工作行业管理、督导、培训制度。

表 3-1 政府购买服务项目的组织管理

职能部门	市、区司法行政部门	市、区财政部门	市、区民政部门	相关社会组织	广州市司法矫治协会
1	编制社工项目预算并申报	汇总社工项目预算并审核	试点性、示范性社工项目立项、购买及评估	制订、实施项目计划	建立督导、培训机制
2	考核、跟踪、监督、验收项目	下达预算，拨付资金	协助制定政策性、规范性文件	报告项目开展情况	与院校联合研发开设课程
3	配合实施绩效评价	指导、监督、评价资金使用	培育、监督司法社会工作类社会组织	接受监督、检查及考核评估	完善管理、督导、培训制度

2. 购买服务的具体程序

一是确定拟购买的项目及费用。市、区购买主体根据事权，结合社区矫正工作的要求，以及社区矫正对象的数量和需求，通过调查论证，按实施方案标准，从项目库中选定拟向社会购买的服务项目，测算区级司法社工项目的年度购买费用，确定具体的服务领域、范围、指标要求、服务期限、项目费用等，拟订项目计划书。

二是申报审核。市、区购买主体按要求填报购买服务项目预算表，并按最低一级政府采购品目，将采购限额标准以上的政府购买服务项目同时反映在政府采购预算中，与部门预算一并报送财政部门审核。

三是确定服务提供机构。各区购买主体制订项目方案和采购计划后，须报送市级司法行政部门审核备案，按要求完善项目评价指标和督导方式，委托政府采购代理机构组织采购。需注意的是，市、区购买主体会将公开招标作为购买服务的主要方式，且在确定服务提供机构时，不会仅以“价低者得”为原则，既考虑项目费用，也注重服务提供能力、服务素质及服务质量。

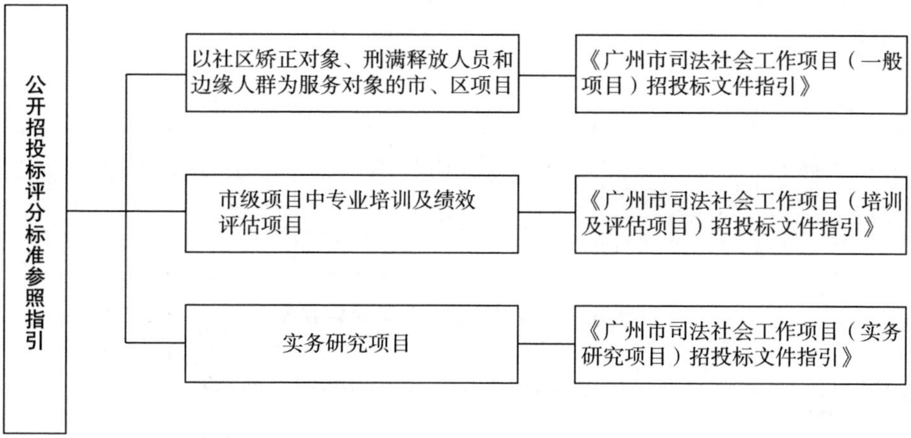

图 3-8　项目公开招投标评分标准参照指引

四是订立购买服务合同。市、区购买主体与服务提供机构签订购买服务合同，要明确购买服务的范围、目标任务、服务要求和服务期限、督导方式和评估指标、资金支付、违约责任等内容。

五是履行合同。市、区购买主体按合同的约定向服务提供机构履行给付资金等义务，服务提供机构依约开展服务工作，并定期反馈服务开展情况。市、区购买主体对购买服务负监管职责，项目完成后，由购买主体组织考核评估和验收工作。

六是信息公开。市、区购买主体要主动向社会公布购买服务具体项目，公开所需购买服务项目的范围、标的、数量、质量要求、评价方法及承接主体的条件、服务期等内容，确保具备条件的社会力量平等参与竞争。

（三）项目服务程序规范化

广州市司法局出台系列文件规范全市司法社工项目的体系建设、购买程序、项目评估机制，也促进了社区矫正社会工作服务流程的规范化。在实践的过程中，市、区两级司法行政部门与服务提供机构联合制定符合社区矫正工作特性的服务流程指引，进一步明确司法社工的服务程序。以下

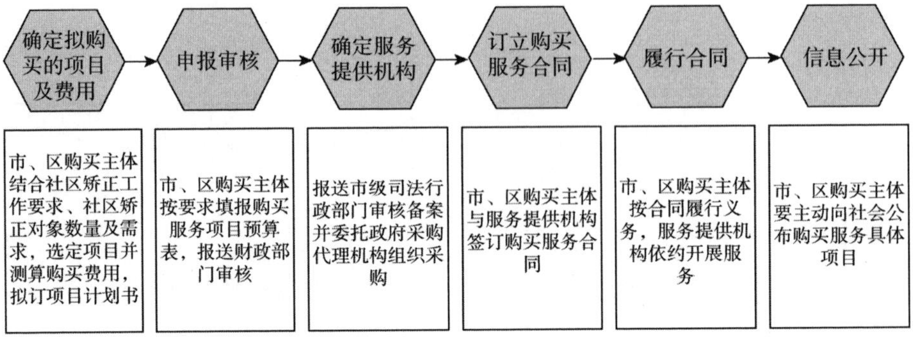

图 3-9　购买项目服务的具体程序

以番禺区司法社工项目相关服务流程指引为例进行介绍。①

1. 判前及假释前调查评估

（1）工作流程。社区矫正工作人员与司法社工组成调查评估小组，开展调查评估工作。司法社工收到调查委托后，致电被调查对象核实其实际居住地，确定居住地所属司法所。与司法所的社区矫正工作人员、驻所社工对接工作，确定调查评估开展时间，致电并告知被调查对象开展调查评估工作的相关事宜。社区矫正工作人员和驻所社工依据调查获取信息制作并整理调查笔录，形成调查评估情况反馈、调查评估表。司法所参考有关调查情况，整理形成调查评估意见上交至区司法局。

① 广州市番禺区普爱社会工作服务社．番禺区司法社工项目服务指引［Z］．2022.

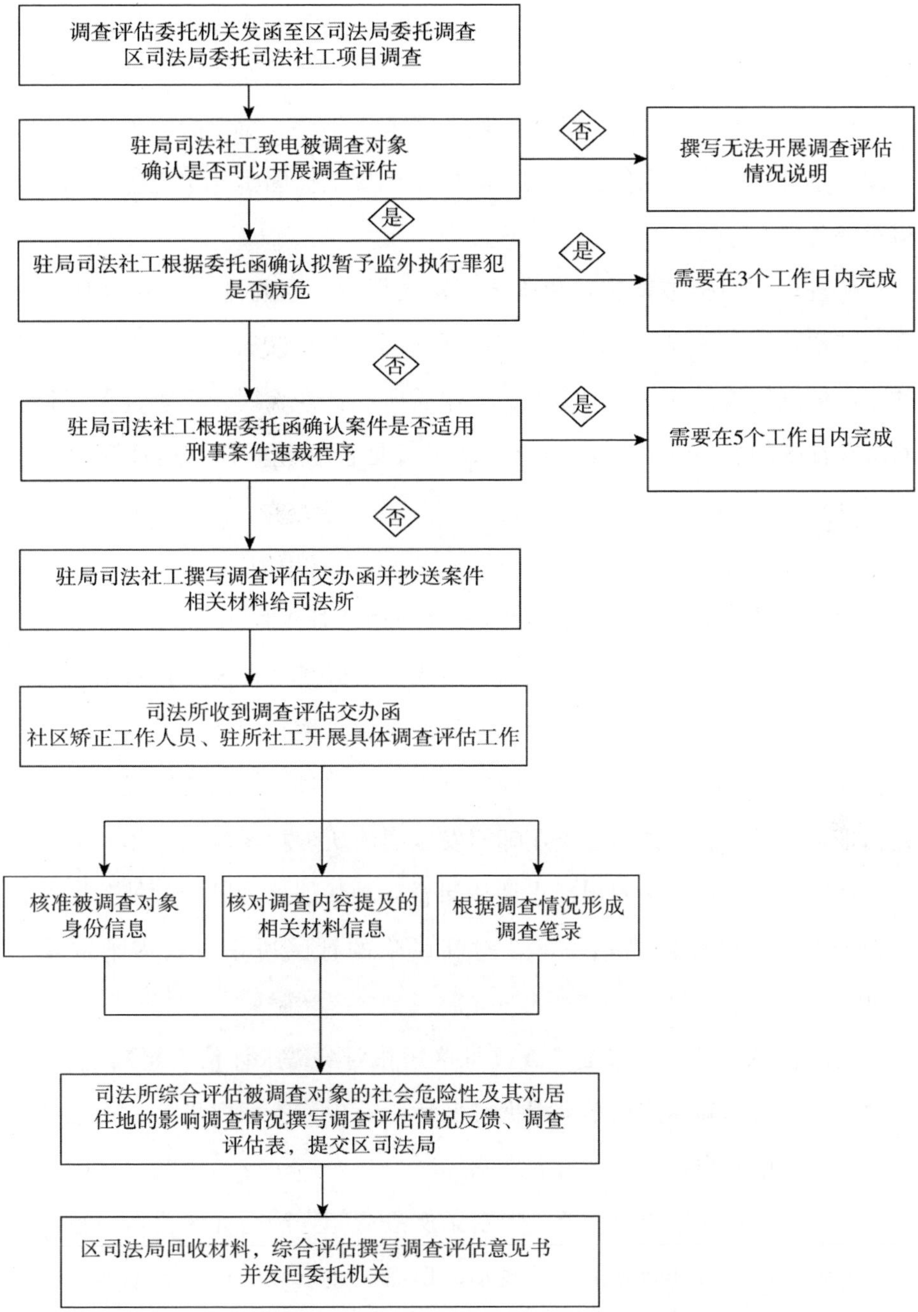

图 3-10　判前及假释前调查评估具体流程

（2）注意事项。调查人员不得少于两人，调查时需出示工作证，说明来意。调查人员与调查对象有亲属关系、利害关系或其他关系可能影响调查结果真实性和公正性的，应当回避。对未成年调查对象的调查资料和调查评估意见书内容应当保密，除办案机关单位根据国家规定进行查询，不得对外公开。

调查对象包括被调查对象本人、家属朋友、居住地所在村（居）委会、工作单位、学校等。调查内容包括被调查人与谈话人的关系，谈话人的基本信息，被调查人基本信息、工作居所、日常表现、犯罪过程、犯罪对所在社区的影响等情况的信息，谈话人是否愿意配合开展社区矫正工作等。

2. *初始评估*

（1）工作流程。社区矫正工作人员与司法社工组成初始评估工作小组，开展初始评估工作。驻司法局的司法社工根据《社区矫正对象需求评估问卷》与社区矫正对象进行面谈，根据其回答填写问卷并完成电子版录入，将纸质版问卷移交区司法局社区矫正工作人员。每周将社区矫正对象评估报告结果汇总，并通过企业邮箱发至司法所。社区矫正工作人员联合驻所社工对《社区矫正对象需求评估问卷》和评估报告进行归档，参考评估报告设计个性化的矫治方案，对高风险的社区矫正对象需采取重点跟进。

（2）注意事项。需仔细检查《社区矫正对象需求评估问卷》，避免出现缺选、漏选。问卷信息必须根据社区矫正对象回答如实填写，司法社工需保持客观性和准确性，录入需准确无误。

司法社工可通过角色介绍、保密条例澄清等方法与社区矫正对象初步建立专业关系，推动问卷信息的收集。但需关注仅仅依靠工具不能全面说明个人可能构成的风险，因此应在了解个人背景和最近情况的前提下使用，它们有助于指导总体风险评估。

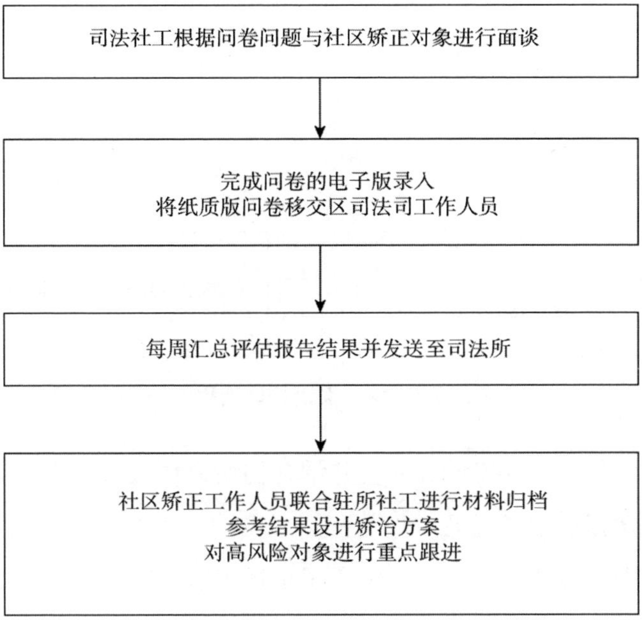

图 3-11　初始评估具体流程

在填写问卷的过程中，对可能影响评估报告结果的信息来源应详细说明，如查阅部门记录、医疗信息提供、犯罪历史信息、与第三方的访谈等。

3. 面见面谈

(1) 工作流程。司法社工可作为协助人员参与社区矫正对象接收入矫宣告、当面报告、个别谈话教育、训诫谈话、解除矫正宣告等社区矫正工作流程，在此过程中围绕社区矫正对象的矫正情况、个人生活情况等开展面谈。面谈结果需及时反馈司法所社区矫正工作人员，为制定个性别化矫正帮扶措施提供参考。

(2) 注意事项。社区矫正对象面谈工作的频率按普通管理社区矫正对象每月至少进行一次、严格管理社区矫正对象每月至少两次开展。

初次面谈：驻所司法社工于社区矫正对象入矫宣告仪式后开展初次谈话，需要了解社区矫正对象的基本情况与信息，对于循证矫正理论中八大

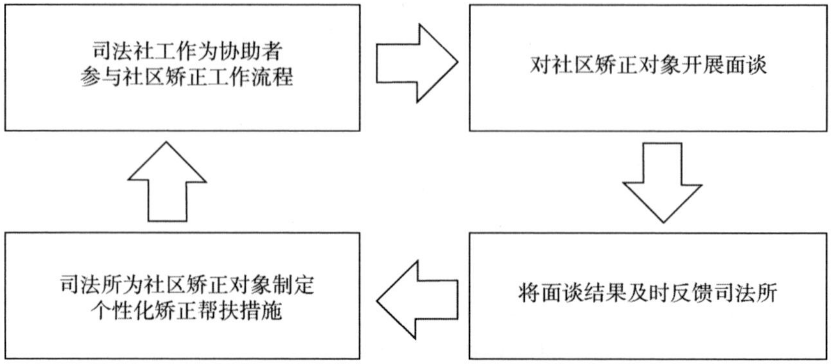

图 3-12　面谈具体流程

风险因子的评估至少要完成五项，并结合初始评估报告结果为首个矫正周期的矫正方案提供参考意见。

常规面谈：在矫正过程中，驻所司法社工需通过面谈动态收集信息对八大风险因子进行综合性的评估，以此判断该社区矫正对象是否需要个案服务跟进，否则继续进行常规跟进。如判断发现社区矫正对象的犯罪风险等级有所变化，则需要加深对其日常工作生活情况的掌握，包括日常生活所在的社区、单位/学校、家庭等相关的人员与环境文化的情况，分析环境、人群或文化对社区矫正对象造成的影响，从而为制定个别化矫正帮扶措施提供参考。

4. 实地查访

（1）工作流程。驻所社工可作为协助人员参与司法所对社区矫正对象进行的实地查访工作。实地查访工作在社区矫正对象本人、家庭、就读学校、所在单位、所属村（居）等地进行。实地查访结束后，驻所社工需要完成相应查访记录，并将查访结果及时反馈司法所，为制定个性化矫正帮扶措施提供参考。

（2）注意事项。每次实地查访人员不得少于两名工作人员。实地查访时需佩戴工作证并穿着工装，如司法所或社区矫正对象表示为保护正常生活不受影响，希望上门走访不穿着工装，则可穿便衣进行走访拍照。

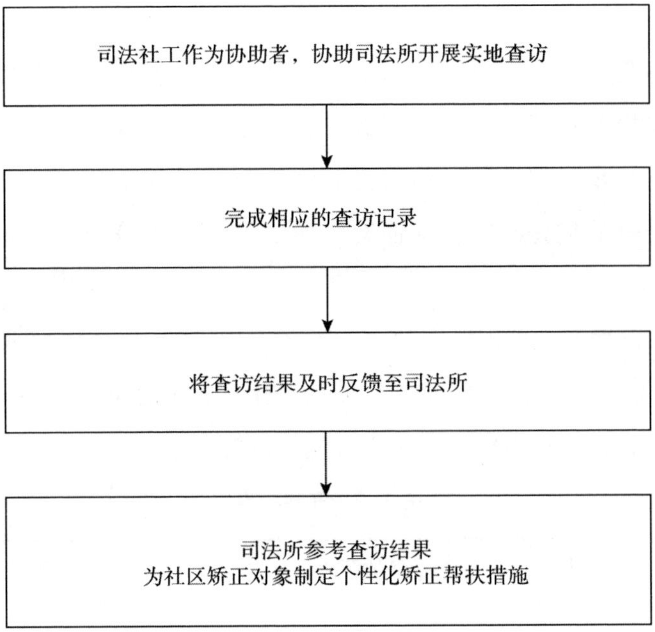

图 3-13 实地察访具体流程

实地察访时需重点掌握社区矫正对象三个或三个以上的风险因子信息，其中包括：①家庭情况；②生活情况；③工作情况；④个人认知；⑤教育学习情况等。

如判断发现社区矫正对象的犯罪风险等级有所变化，则需要加深对其日常工作生活情况的掌握，包括日常生活所在的社区、单位/学校、家庭等相关的人员与环境文化的情况，分析环境、人群或文化对社区矫正对象造成的影响。整合有关信息反馈至司法所，为制定个别化矫正帮扶措施提供参考。

5. 个案服务

个案服务以介入难度区分专业个案和咨询个案。专业个案指司法社工针对再犯风险高，或存在社会适应困难等问题的社区矫正对象开展个案服务。咨询个案则旨在解决社区矫正对象在法律、政策咨询或社会功能浅层介入方面的需求。

（1）工作流程

接案。案主的来源有三种情况：主动求助、转介、社工发掘。接案期的工作是极其重要的，它的目标是要与服务对象建立一个良好互信的专业关系。接案时需关注：是否需要紧急介入；权衡是否有能力处理问题；决定问题的优先次序；保证案主所要求的服务符合服务机构的工作范围。

开案。以循证矫正理论中的“八大风险因子”及“ RNR 原则”为依据，配合司法行政部门工作要求，参考《社区矫正对象需求评估问卷》与《SCL-90 症状自评量表》等相关心理测评的分析结果。

表 3-2　开案标准

个案性质	开案情况	必须开	按需开
专业个案	风险分析	案主的“大四因子”中任意一项介入类别被社工评估为重点及以上	—
		案主的“非大四因子”中有两项介入类别同时被社工评估为重点及以上且无明显保护性因素作用于该状况的	案主的“非大四因子”中有任意一项介入类别被社工评估为重点及以上且无明显保护性因素的
		初始评估的结果中，显示其等级界定为深度	初始评估的结果中，显示其等级界定为中度时，需关注其他参考信息
		SCL-90 的评分结果中，因子分≥ 2 分时	—

续表

<table>
<tr><td>个案性质</td><td>开案情况</td><td>必须开</td><td>按需开</td></tr>
<tr><td rowspan="4">专业个案</td><td rowspan="4">特殊情况</td><td>案主犯罪时未成年</td><td>—</td></tr>
<tr><td rowspan="2">司法局（所）认为应重点关注的</td><td>案主对社区矫正管理工作的配合度有待提高</td></tr>
<tr><td>案主度过社区矫正期的稳定性有待提高</td></tr>
<tr><td>案主存在危机</td><td>案主可能存在危机</td></tr>
<tr><td>咨询个案</td><td>开案情况</td><td colspan="2">（a）案主存在法律、政策咨询的需求
（b）案主存在社会功能浅层介入需求</td></tr>
<tr><td colspan="4">注：
1. “八大风险因子”指：反社会行为史、反社会人格模式、反社会认知、反社会同伴（朋辈）、家庭/婚姻、教育/就业、休闲娱乐、物质滥用
2. “大四因子”指：反社会行为史、反社会人格模式、反社会认知、反社会同伴（朋辈）
3. “非大四因子”指：家庭/婚姻、教育/就业、休闲娱乐、物质滥用
4. 危机：a. 案主的生命、财产受到不法威胁或损害；b. 案主可能存在自杀倾向
5. 案主因疾病或治疗陷入困境</td></tr>
</table>

预估。预估是要对服务对象的需求和问题进行深入了解和认识，以便有目的、有针对性地介入。预估的任务有四项：一是识别服务对象问题的客观性：背景资料、所处的环境、问题发生与持续时间、服务对象为解决问题所做的努力；二是识别服务对象问题的主观性：服务对象如何看待自己的问题，问题对于其自身的意义及影响等；三是识别服务对象问题的成因及问题延续的因素；四是识别服务对象及环境的积极因素（服务对象系统内外的资源）。

个案跟进。视个案的实际情况确定个案服务的频率和方式。个案服务中需要与社区矫正对象接触的，可与司法所的日常管理措施统筹进行，也可另行安排。在服务跟进中，应保持与司法所的动态协调及反馈。如在个案服务的计划制订与个案矫正过程中，若发现社区矫正对象的需求超出司法社会工作范围、个案服务或检视中发现的异常情况以及个案完成等情况，应及时反馈至司法所，为司法所的日常监管工作提供参考依据。

个案转介。在服务过程中如果出现以下情况，可进行转介。服务对象不在项目服务范围之内；服务对象的下一步问题需要转去其他部门方能解决等。以上情况下，社工需要跟服务对象进行面谈，澄清转介的原因并征得同意，而后将服务对象转介给对应的单位或部门。

结案。当个案的目标达到或者因情况改变（如服务对象搬离服务属地等）时，社工应对个案进行结案，结案时应了解服务对象的满意度和改进状况，评估工作成效和审视工作中的经验和进步。结案后按社区矫正有关规定保持日常跟进。

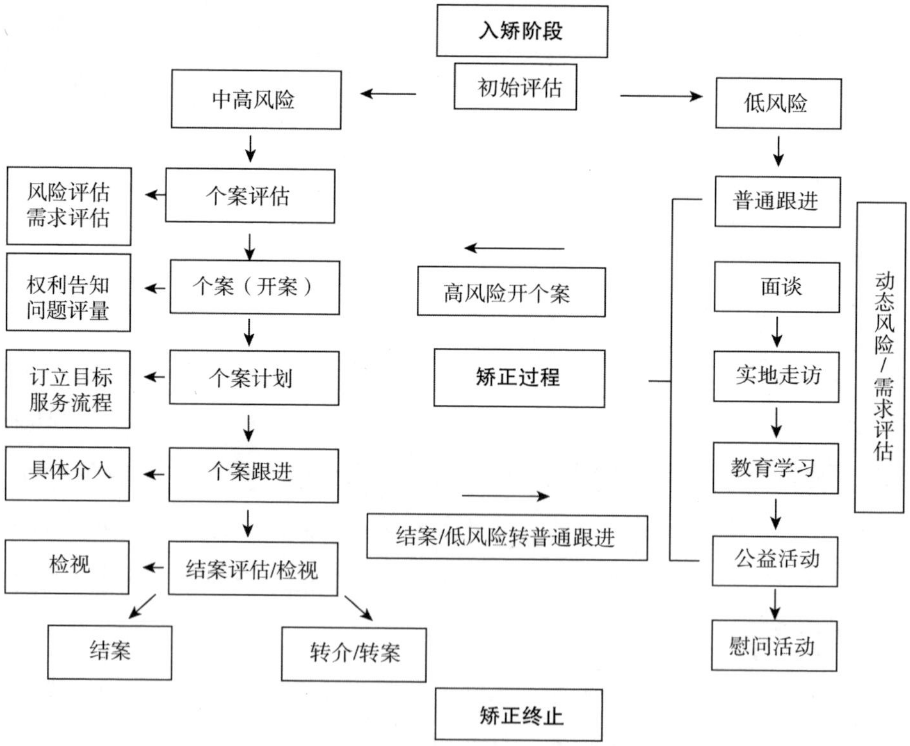

图 3-14　个案服务具体流程

（2）注意事项。个案应重点关注导致当前和以往犯罪的关键因素。对于与犯罪无直接关系的因素（如健康和住宿问题等），则需阐述跟进的必要性。如服务对象无家可归，其不可能集中精力处理社区矫正或其他问题，这时社工对其开展适应性帮扶将可能成为优先处理的事项。

不适宜跟进的情况。器质性精神病人本身的心理、情绪困扰问题（可协助服务对象处理资源链接、家庭关系等问题）；有严重行为困扰，经过评估发现很可能给司法社工造成人身伤害的案例；经评估有严重危机行为的服务对象，不建议在没有相关跟进经验、没有督导及时支持的情况下跟进；其他有较大可能给司法社工带来人身伤害的服务对象；其他可能在没有支持的情况下的不恰当跟进给服务对象造成伤害的情况。

6. 教育学习

司法社工协助区司法局、镇街司法所对社区矫正对象开展多形式、多主题的教育学习，提升教育学习的效果。教育学习主要指市一级集中教育、区一级集中教育、镇街级集中教育。

（1）工作流程

市一级集中教育按全市社区矫正对象的整体需求情况制定，由广州市司法局统一开展，各区组织符合条件的社区矫正对象参与。

区一级集中教育包括入矫/解矫教育及其他专题教育，由区级司法社工项目筛选符合条件的社区矫正对象，并组织落实具体的教育内容，镇街司法所负责通知对应社区矫正对象参与。镇街级集中教育则指结合镇街社区矫正对象罪名分布特征、地域特性等设计的主题教育。

区级司法社工项目可针对社区矫正对象罪名分类、心理健康状况等制定法律法规、思想道德、情绪舒缓、心理健康等主题的教育课程，经区司法局/镇街司法所审核后可组织开展区一级/镇街级集中教育。

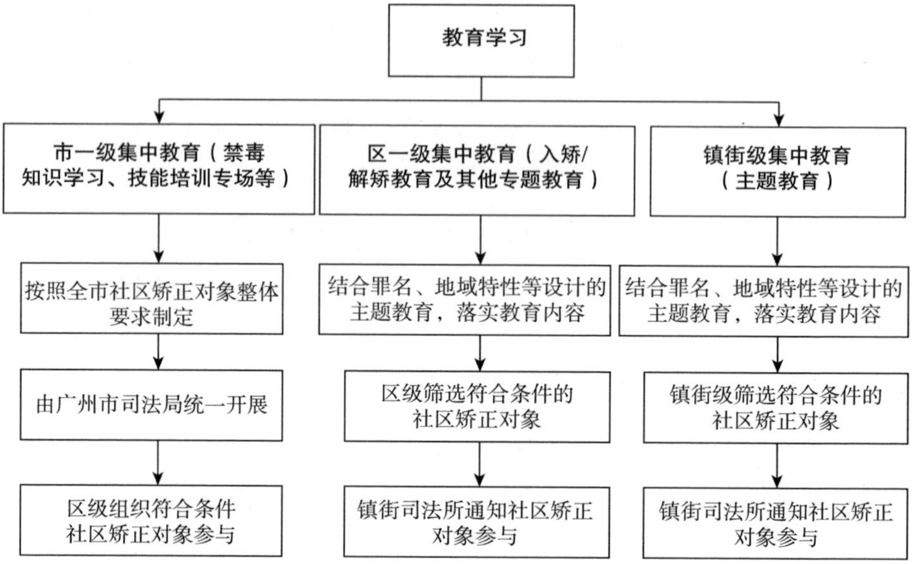

图 3-15　教育学习具体流程

（2）注意事项

充分利用司法所或社区的资源开展集中教育活动，教育主题应根据当前社区矫正对象中较为普遍或突出的需求和问题确定，包括公共道德、法律常识、心理调适、情绪管理、压力释放、人际沟通、职业规划等。

7. 小组工作

小组工作，也称团体工作，指通过小组或团体的活动为其成员提供社会服务的方法。其目的是促进团体或小组及其成员的发展，使个人能借助集体生活加快自身的社会化；协调和发展个人与个人、个人与团体和团体与团体之间的社会关系；发挥团体或组织的社会功能，促进社会的进步与健康发展。

（1）工作流程。司法社工在日常服务的过程中，动态识别社区矫正对象的风险/需求，针对存在共性问题/需求的社区矫正对象，可开展诸如行为矫治、压力舒缓、技能学习等主题的小组。

区级司法社工项目可开展教育、发展、互助、支持、治疗等类型的小组工作，经区司法局/镇街司法所审核计划书后可组织开展，具体流程为：需求评估—提交申请—执行—结束及结果评估。

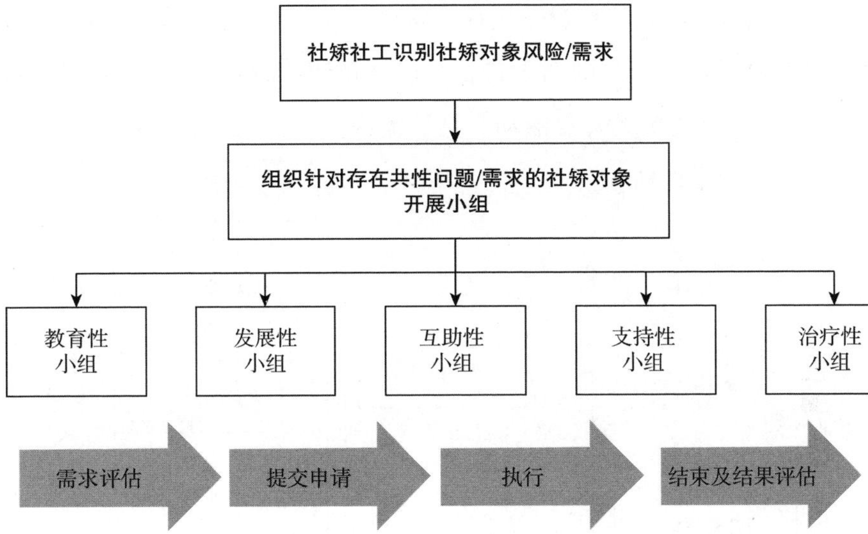

图 3-16　小组工作具体流程

（2）注意事项。社区矫正对象开展小组工作对司法社工的综合能力要求较高，建议由具备相关的专业背景和经验的社工主导，并提供及时且有效的督导支持。注意小组工作的主题设计及成员筛选，加强与司法所工作人员沟通，掌握参与社区矫正对象的情况，避免小组组员在犯罪问题上“交叉感染”。

8. 公益活动

司法社工协助区司法局、镇街司法所组织社区矫正对象以志愿者的角色参与多形式、多主题的公益活动，提升社区矫正对象的社会责任感，帮助融入社会。公益活动主要指区一级公益活动、镇街级公益活动。

（1）工作流程。区一级公益活动由驻司法局司法社工定期组织区级公益活动，主题包括大型慰问活动、普法宣传活动、群体帮扶等，筛选符合条件的社区矫正对象，并组织落实具体的公益活动内容，镇街司法所负责通知对应矫正对象参与。

镇街级公益活动则由驻司法所司法社工结合镇街社区矫正对象个人特长开展，具体包括家电维修、困难儿童作业辅导、入户探访、图书管理等。

区级司法社工项目可广泛链接社会资源，在制订不同主题公益活动方案时，结合社区矫正对象的个人特长，经区司法局/镇街司法所审核后可组织开展区一级/镇街级公益活动。具体流程为：需求评估—提交申请—执行—结束及结果评估。

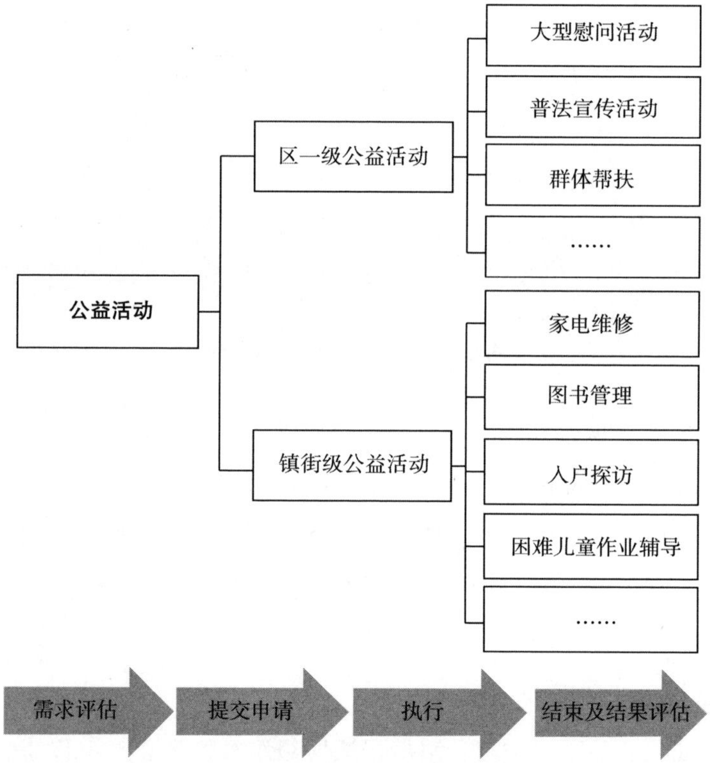

图 3-17　公益活动具体流程

（2）注意事项。司法社工通过组织开展公益活动关注社区矫正对象在不同情景下的表现与变化，促进社区矫正对象拥有亲社会行为增加、罪错感增强、守法意识加强、部分偏差行为得以修正、社会责任感提高、再犯风险降低等良性变化。

组织开展公益活动的过程中，应该充分考虑社区矫正对象的安全问题，确保活动内容和流程的安全性，做好安全宣传和培训工作。例如，如果组织户外活动，应该提前了解天气情况，做好防晒、防雨等措施，了解活动中的安全规定和注意事项，避免意外情况的发生。

关注特殊群体安全。对于一些特殊群体的志愿服务，应重点关注社区矫正对象志愿者的筛选，如面向儿童、妇女的需结对开展的志愿服务，应避免招募有性犯罪史的社区矫正对象，关注受助群体的体验感和人身安全。

（四）项目评估机制规范化

为规范广州市社区矫正社会工作服务项目管理，提高财政资金使用绩效，促进司法社会工作健康有序发展，广州市司法局根据《中华人民共和国社区矫正法》《广州市社会工作服务条例》《广州市司法社会工作服务项目体系建设实施方案》等规定，2021 年出台印发了《广州市司法社会工作服务项目评估办法》（穗司规字〔2021〕1 号）（以下简称《评估办法》）。

《评估办法》适用于广州市行政区域内司法社工项目的评估工作，要求遵循全面、客观、科学的原则，委托符合资质的第三方评估机构，采取资料分析、问卷调查、电访面谈、实地察看等方式对市、区（县级市）层面社工项目进行评估，确保评估公正、公平、公开。①

1. 职责分工

《评估办法》规定由市级司法行政部门统筹管理全市司法社工项目的评估工作，市级司法行政部门负责制定司法社工项目的评估标准体系，确定第三方评估机构，处理相关投诉等工作。司法社工项目评估费用纳入市

① 广州市司法局．广州市司法局关于印发广州市司法社会工作服务项目评估办法的通知［EB/OL］．（2021-03-19）［2024-01-24］．https：//www. gz. gov. cn/gfxwj/sbmgfxwj/gzssfj/content/mpost_7155305. html.

级司法行政部门政府购买服务专项经费。

第三方评估机构负责组织、实施项目服务评估及财务评估工作，对司法社工项目运营管理、服务开展、服务成效、财务管理、财政资金使用绩效等情况进行综合评价。

购买方（包括市、区两级司法行政部门）对司法社工项目的日常管理、服务成效、满意度情况进行综合评价。

被评估方应当及时、准确提供各种台账及资料，积极配合评估。司法所协助开展区级司法社工项目的评估工作。

2. 评估流程

购买方（包括市、区两级司法行政部门）在每个服务年度内组织对司法社工项目进行中期、末期评估。

（1）制订评估计划。购买方根据司法社工项目进度向市级司法行政部门提出评估需求，市级司法行政部门会同第三方评估机构根据司法社工项目合同期限确定项目评估时间，制订评估计划。

（2）开展项目评估。第三方评估机构应当根据评估计划及时做好评估的组织实施工作。根据《评估办法》，市、区购买主体委托第三方评估机构对其购买的司法社工项目进行评估。购买方、用人单位司法社工及相关工作人员参与评估工作。评估分为驻所评估与项目评估两个部分，具体包括建设及运营、服务开展及服务成效总结等。第三方评估机构分别从人员到岗、工作保障、制度执行以及服务开展四个板块进行现场评估及资料查阅，认真听取用人单位对驻所司法社工服务的评价和意见。

表 3-3　评估安排

时间	事项	参与人员	具体流程
全天	开展项目财务评估	项目财务负责人、司法社工及相关工作人员	财务评估专家针对项目财务情况展开评估
上午	开展驻所服务评估（评估前 3 个工作日随机抽签决定司法所）	司法所所长、司法社工及相关工作人员	1. 驻所司法社工就项目开展情况进行总结汇报
			2. 评估专家依据项目指标展开评估
			3. 评估专家听取用人单位对驻所司法社工服务的评价和意见
下午	开展项目服务评估	市区购买主体、司法社工及相关工作人员	1. 项目主任就项目开展情况以及下一步工作计划进行全面汇报
			2. 评估专家依据项目指标进行现场评估
			3. 评估专家听取购买主体对司法社工项目服务的评价和意见
			4. 评估专家对评估情况进行现场总结反馈

（3）出具评估报告。第三方评估机构应当在评估工作结束后 10 个工作日内，向购买方及被评估方各出具一份项目评估报告，指出项目存在的问题及改进建议。

（4）确认评估报告。购买方收到评估报告后 10 个工作日内确认评估报告。

（5）受理评估投诉。被评估方如对评估结果有异议，应当在收到评估报告之日起 3 个工作日内向第三方评估机构或市级司法行政部门提出异议。受理单位应当在收到异议之日起 5 个工作日内对评估结果进行复核，并将复核结果及时告知被评估方。

（6）报送评估总结。第三方评估机构应当认真梳理总结全市司法社工项目在服务开展、运营管理及资金使用等方面的情况，客观反映存在的问题、提出专业意见和建议，形成评估工作总结报送市级司法行政部门。

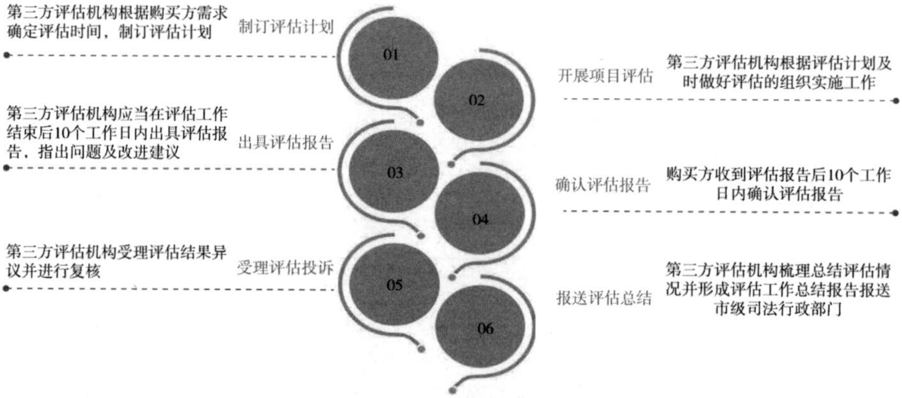

图 3-18　评估流程图

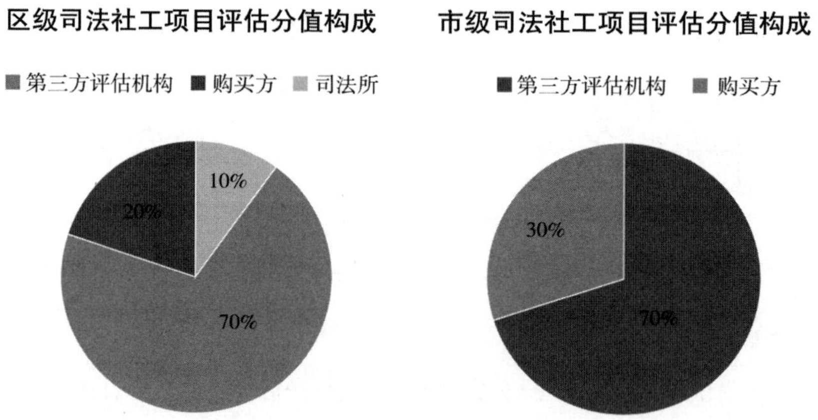

图 3-19　评估分值构成

《评估办法》明确了由市级司法行政部门统筹司法社工项目评估工作，并强化各方主体责任。考虑到司法社工项目的具体工作主要是在司法所开展工作，因此将司法所纳入评估主体，由其协助做好区级司法社会工作项

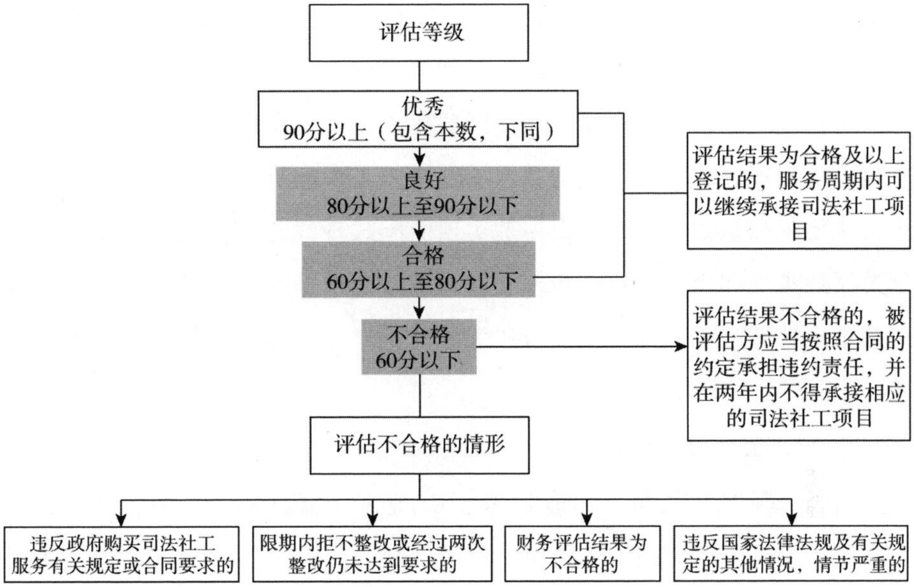

图 3-20 评估等级

目的日常监管评估工作。同时，也明确司法社会工作项目评估的分值组成、评估结果及应用，强调评估结果与司法社会工作服务机构能否继续承接司法社会工作项目相挂钩。

四、队伍本土化

我国的社会工作是半行政性、半专业化社会工作。社会工作本土化的任务即用国际社会工作的先进经验来补充、改造我国的社会工作。在本土化过程中要善于发现两种社会工作的亲和性，注重我国的体制和文化特征，在实践中实现二者的优势互补。① 广州市社区矫正社会工作重视队伍建设的本土化，主要体现在人才队伍理念本土化和人才队伍建设在地化。

（一）人才队伍理念本土化

社区矫正社会工作是我国司法领域工作的试验田，首先要在思想上明

① 王思斌．试论我国社会工作的本土化［J］．浙江学刊，2001（2）：55-60.

确价值理念目标。广州市社区矫正社会工作也有同样的思考，可以借鉴境外工作手法，但工作理念必须跟随党和政府的主流价值，有利于本土化的社区矫正模式探索，也为新时代社区矫正工作提供坚强政治保证。社会主义核心价值观、总体国家安全观、平安中国建设目标等理念诞生于我国本土文化传统和新时代发展思想，是实现中国式现代化道路上开展工作时必须遵循的本土理念。秉持这些理念有助于广州市社区矫正社会工作更好地理解本土社区矫正工作，正确帮扶引导矫正对象，提高工作的针对性和实效性。

1. 社会主义核心价值观是核心指导

富强、民主、文明、和谐是国家层面的价值目标，自由、平等、公正、法治是社会层面的价值取向，爱国、敬业、诚信、友善是公民个人层面的价值准则。公正司法作为中国特色社会主义法治体系建设的重要环节，在司法工作中融入社会主义核心价值观也是健全完善中国特色社会主义司法制度的必然要求，具有充分的制度依据和法理基础。①社会主义核心价值观是全体中国人民共同遵循的价值观念，它体现了社会主义的基本原则和目标，也是新时代广州社区矫正社会工作的核心指导。例如，通过提供志愿服务平台，鼓励社区矫正对象积极参与志愿服务，增强社会责任感和公民意识，为社区矫正对象提供一个展示自己的能力和价值的机会，增强自信心和自尊心，预防和减少犯罪，促进他们融入社会，成为有益于国家和社会的公民。广州社区矫正社会工作队伍秉持这一价值观，帮助引导社区矫正对象树立正确的世界观、人生观和价值观。②

2. 总体国家安全观是方向把握

2014 年 4 月 15 日，习近平总书记在中央国家安全委员会第一次全体

① 人民资讯．“学习进行时”社会主义核心价值观［EB/OL］．（2021-11-30)［2024-01-24］. https：//baijiahao. baidu. com/s？ id=1717817976780696818&wfr=spider&for=pc.

② 北青网．在司法工作中融入社会主义核心价值观的实践路径［EB/OL］．（2023-02-23)［2024-01-27］. https：//baijiahao. baidu. com/s？ id=1758575110458459651&wfr=spider&for=pc.

会议上，创造性提出总体国家安全观，即“以人民安全为宗旨，以政治安全为根本，以经济安全为基础，以军事、文化、社会安全为保障，以促进国际安全为依托，走出一条中国特色国家安全道路”。深刻理解总体国家安全观的科学内涵，是社区矫正改革发展的重要前提。[①] 尤其在我国进入社会转型变革的历史时期后，复杂的社会矛盾使社会安全已经成为直接影响社会稳定、社会发展和社会生活的关键环节。社区矫正作为涉及国家政治经济社会文化发展的社会治理系统工程，更需要动员社会行刑资源而给予有力支撑。[②] 广州市、区两级司法局全面践行总体国家安全观，购买社区矫正社会工作服务，充实社区矫正工作专业力量。社会工作者的培养过程贯穿了社会责任感和使命感，广州司法社工更以总体国家安全观的理念武装自己的头脑，积极营造广州安全稳定的社会环境，助力保障国家安全。例如，广州司法社工会积极动员各类社会组织、社区和各街镇社工站社工一起关注社区矫正对象的需求与动态，通过联动慈善爱心人士开办的修车厂、受感化且已解矫对象捐赠的商业资源等方式，引导社会各界以多种渠道、多种方式，改善社区矫正的矫治条件和保障能力，以营造社区矫正工作的积极社会氛围。

3. 平安中国建设是目标聚焦

平安中国建设目标是人民安居乐业、社会安定有序、国家长治久安。作为构建社区矫正教育帮扶的重要一环，广州市社区矫正社会工作队伍聚焦平安中国建设目标，重点通过三个做法助力人民安居乐业、降低再犯率、提高社会治安水平：一是提供心理辅导，关注社区矫正对象的心理健康、家庭关系、职业发展等方面的问题，帮助他们发现自身犯罪的原因，帮助他们认识到自己的问题、改变不良行为；二是提供家庭和社会支持，

---

① 朱锋．总体国家安全观下如何统筹发展和安全［J］．人民论坛·学术前沿，2023（20）：5-12.

② 刘政．试论总体国家安全观主导下的社区矫正刑罚功能体系建构［J］．广西政法管理干部学院学报，2019，34（4）：10-14.

帮助社区矫正对象解决生活困难，帮助他们与家人和解、修复家庭关系，在社会上营造对社区矫正对象的包容氛围，让他们感受到社会的温暖和支持，增强社会归属感和认同感，减少再次犯罪的可能性；三是提供职业技能培训和就业岗位，提升社区矫正对象适应社会的能力，提升如何与人沟通交往、就业、理财等能力，培养正确的财富观，提升工作技能，应聘合适岗位，帮助他们重新融入社会。

（二）人才队伍建设在地化

人才的培养既需要专业教育，也需要专业实践。广州具有较好的高校教育资源，本地高校即设置了社区矫正专业及相关课程，为司法社工人才的培育提供了土壤；广州市司法局也对司法社工人才队伍的在地化建设开展了系列举措，包括与广州的高校共建社区矫正社会工作实践基地，为相关专业毕业生的司法社工岗能力培养提供了实践环境；通过司法社工全员培训再教育体系和内部督导人才培训班等措施初步建立司法社工在职教育体系。

1. 设置司法社工相关专业及课程

为了培育规范化、专业化的司法社工专业人才，广州市司法局依托本地高校，培养高素质应用型复合人才，更好地服务于基层实务。

部分本地高校开设了“社区矫正”专业，例如广东司法警官职业学院自 2010 年就开始招收社区矫正专业学生，其专业课程内容包括社区矫正工作实务、行政法与行政诉讼法、罪犯心理矫治、社会学与社会工作实务、人民调解实务、社区矫正教育等，基本涵盖了社区矫正社会工作的核心内容。除设置社区矫正专业外，部分高校也设置了有关社区矫正专业的课程，例如广东工业大学、广州大学等高校社会工作专业开设了矫正社会工作、社会调查理论与方法等课程。通过本地高校的司法社工相关专业及课程设置，培养具有正义感、责任感、同情心、奉献意识和服务精神等职业素养，掌握非监禁刑罚执行和社会工作相关的基础理论知识，熟悉社区矫正日常工作流程及规范，具有刑务处理、教育矫正、心理干预、再犯防控等职业能力，能够胜任社区矫正基层工作岗位要求的高素质应用型专门人才，为广州社区司法社工人才提供了本土化的培养土壤和成长环境，为广州社区矫正社会工作专业人才储备力量。

2. 建设社区矫正社会工作实践基地

除了通过本地高校培养社区司法社工专业人才，广州市、区两级司法局同时也在社会实践层面加强与本地高校的合作，提升社区矫正社会工作学生的专业知识，培养符合本地社区矫正工作特点的社工人才。

截至2023年11月，广州市司法局及各区司法局陆续与广州大学、广东警官学院等多所高校联合建设社区矫正社会工作实践基地，为社区矫正社会工作或相关专业实习生提供学习社区矫正工作的程序及项目实践的机会，避免实践课程与专业知识脱节。目前，广州市共计建有社区矫正社会工作实践教育基地69个，每年接收社区矫正社会工作或相关专业的实习生进行社会实践。高校也邀请基地实务社工到高校进行专业指导、举办讲座、集中授课等。双向深入交流为广州社区矫正社会工作培养出一批了解本地文化、能够把理论与实操相结合、尽快投入正式工作的司法社工，为广州社区矫正社会工作发展注入动力。

3. 组织开展司法社工全员培训班

广州市司法局为提高司法社工的专业素质和工作能力，推动社区司法社工队伍的专业化建设，增强教育矫治效果，自2016年开始，每年定期组织开展社工“全员培训班”，保障每名在职司法社工均能得到培训提升的机会。

“全员培训班”重基础、重实务，授课老师包括高校教授和资深的一线社区矫正工作人员，致力于增强司法社工用理论指导实践的意识及实务操作能力。例如，为帮助全市司法社工正确理解与实施社区矫正相关法律法规等文件，广州市司法局专门制订了系列培训方案，培训内容包括社区矫正的背景，社区矫正的实践价值及立法意义，《中华人民共和国社区矫正法实施办法》对司法社工的工作要求等。同时，“全员培训班”也着重从社会工作的视角对社区矫正相关法律法规等文件进行解读，包括《中华人民共和国社区矫正法》对社会工作服务发展的积极作用、社会工作服务如何嵌入社区矫正工作以发挥成效，以及如何做好司法社会工作的专业化建设等方面。通过全员培训，帮助广州市社区司法社工队伍养成自律、坚持、守纪的职业习惯与职业素养，学以致用。

4. 培育发展本土督导人才梯队

为进一步贯彻落实《广州市司法社会工作项目体系建设实施方案》，除了上述提到的高校专业设置、基地实践、全员培训，广州市司法局注重对司法社工内部人才梯队的培养，提高司法社工项目管理能力和内部督导能力，提升司法社工服务质量。

（1）组织开展内部督导人才培训班。2018—2022 年，广州市司法局每年定期开展一期司法社工内部督导培训班，学员来自全市各区司法社工服务项目专业骨干及社矫科有关业务骨干，进一步优中选优，培训司法社工精英人才。

广州市司法社工内部督导培训班课程体系涉及司法社会工作理论、实务及督导实习三个方面，每名学员需完成至少 248 个学时的训练，并通过考核、答辩，才能获得毕业证书。为了更好地检验司法社工内部督导培训班的开展成果，考察学员掌握司法社会工作督导的理论和督导实务知识的运用情况，每期培训班结束之前都会举办司法社工内部督导培训班结业答辩，完成全部理论及实务课程的学员可参加结业答辩。学员在答辩中向专家评委汇报在督导班的学习情况、收获与反思、所在项目在督导方面存在的问题及其对策建议等。评委们根据学员汇报情况，结合学员回应专家评委提问情况，从学员的专业知识能力、解决实际问题能力、综合分析能力、应变及情绪管理能力、仪表举止和语言表达等方面对学员进行整体的评价与打分。通过系统的学习和训练，培养学员们检验和反思的意识，提升发现司法社工服务项目存在的服务问题及司法社工解决问题的能力，不断提高各区司法局购买司法社工服务项目的服务质量，提升财政资金使用绩效，推动司法社会工作的可持续发展。

广州市司法局统筹各方力量，要求参与内部督导培训班的各方都严谨对待督导培养工作。不仅要求全体学员遵守培训班的各项制度，以高度责任意识和纪律意识，完成培训班的学习任务，更要求各区司法局及区属司法社工项目的承办机构要高度重视培训工作，充分保障学员们的学习时间。广州市司法社工内部督导培训班是推动广州社区矫正社会工作不断规范、完善的新举措，标志着社区矫正社会工作的规范化发展迈上了一个新台阶，社区司法社工人才梯队不断完善。

（2）指导区级司法社工服务项目优化督导制度。自 2018 年以来，在广州市司法局的指导下，各区司法社工项目也开始着力培养本土化督导。以黄埔区司法社工项目为例，黄埔区司法局与黄埔区司法社工项目在 2022 年 4 月共同制定《广州市黄埔区司法局司法社工服务项目内部督导制度（试行）》，明确督导内容及目标、制度规则、工作要求及督导时薪四个方面内容。一是明确司法社工项目督导内容及目标。建立司法社工内部督导制度，激发司法社工干事创业的积极性，拓宽司法社工发展路径，实现项目人才培养“自给自足”。选拔业务精、能力强、专业过硬的司法社工，聘请其作为项目内部督导，以“以老带新”“一对一”等方式促进业务传、帮、带，以达到司法社工队伍长期稳定、可持续发展的目标。二是明确制度规则。规定内部督导选拔原则上每年 6 月进行一次，在黄埔区司法社工项目服务满 2 年的司法社工可通过自荐方式参加内部督导选拔。规定成立司法社工项目内部督导选拔工作小组，由局社区矫正执法科科长担任组长，各司法所所长、局社区矫正执法科工作人员、司法社工项目负责人等担任成员。三是明确督导工作要求。制度规定黄埔区司法局社区矫正执法科、各司法所、司法社工服务项目中标机构高度重视、积极配合，为司法社工团队培养输送优秀人才。司法社工项目中标机构会对内部督导进行岗前培训、指导，另行制定督导成效考核机制，对于督导效果不佳、履职不当的，区司法局有权要求更换或取消其督导资格。该制度还规定，司法社工要正确认识内部督导选拔带来的机遇与挑战，努力提升自我水平，主动参与，敢为人先，在团队内部营造出干事创业、争先创优的良好氛围。四是明确督导时薪。司法社工承担内部督导工作，由司法社工项目中标机构负责支付额外补助，督导费不少于50元/小时；督导费在黄埔区司法社工服务项目经费中列支，不占用工资福利待遇份额。

五、视野国际化

2017年7月1日，在习近平总书记的见证下，国家发展改革委和粤港澳三地政府在香港共同签署《深化粤港澳合作　推进大湾区建设框架协议》，粤港澳大湾区建设正式启动。同年，粤港澳大湾区建设被写入党的十九大报告。[①]。在习近平总书记亲自谋划、部署和推动的粤港澳大湾区的发展战略下，广州市司法局在2017年11月、2019年3月和2021年11月接连主办了三场穗港澳社区矫正社会工作研讨会，邀请省司法厅、市司法局、市财政局、市民政局等政府机关公职人员，香港和澳门地区、北京、广州多地资深理论和实践专家和广州一线司法社工等共460余人，分别以“社区矫正社会工作的实践、经验与前瞻”、“司法社会工作的新思路、新方法”和“非政府组织（社会力量）参与社区矫正工作研究”为主题，分享了我国港澳地区社区矫正社会工作的发展情况、各地社区矫正社会工作服务模式和其运用的多种工作方法、多元力量介入情况等，展现了广州市司法局积极融入粤港澳大湾区建设，深化穗港澳三地社会治理交流合

① 人民日报. 高质量建设粤港澳大湾区（奋进新征程　建功新时代·伟大变革）[EB/OL]. (2022-05-26)[2024-01-29]. https://www.moj.gov.cn/pub/sfbgw/zwgkztzl/2022zt/20220311fjxzc/20220311fjxzc_wdbg/202205/t20220526_455858.html.

作，与港澳地区建通道、搭平台，努力推动社区矫正工作实现新突破。①

（一）社区矫正社会工作的实践、经验与前瞻

“社区矫正社会工作的实践、经验与前瞻”——首届穗港澳社区矫正社会工作研讨会于 2017 年 11 月 30 日由广州市司法局主办。研讨会邀请了 14 名来自广州市司法局和广州市民政局的重要领导，19 位从事司法社会工作及相关领域研究的穗港澳专家学者，11 家广州市（区）司法项目承接机构代表人员，共计 170 余人参加了此次研讨会。首届穗港澳社区矫正社会工作研讨会分为主会场和三个分会场进行。

主会场采用主旨演讲的形式，邀请港澳专家、本土专家对宏观政策及动向进行全面解读，对社区矫正社会工作的国内外发展现状进行概括梳理，并围绕社区矫正社会工作的创新发展进行展望。香港地区的社区矫正社会工作发展起源于 20 世纪 30 年代从英国引进的矫治社会工作制度，来自香港地区的三个主题发言分别以“感化主任需具备的知识、态度、技巧”为主题介绍了家庭系统、社会服务系统和司法行政系统三者间的协作关系，以“青少年违法者感化服务、服务概念和发展方向”为主题介绍了香港青少年违法者感化服务的历程，并强调管制和教化并重，双管齐下工作方向的必要性，并通过“从香港经验再思广州市社区矫正社会工作”主题分享提供了内地借鉴香港地区经验的视角和建议。而“浅析澳门社区矫治与社会工作者角色”的主题发言，分析了澳门政府部门和民间团体的社区矫治目的和推行的事工（社工）角色功能，阐释及探讨了专业社会工作者以辅导和康复活动等协助更生人士（社区矫正对象）处理如经济、就业、家庭、社交、心理情绪等各方面问题。

分会场则采用专题讨论的形式，邀请行业内专家、教授、社会组织代

① 广州市司法局．交流合作 共谋发展——第二届穗港澳社区矫正社会工作研讨会成功召开［EB/OL］．（2019-04-2）［2024-01-29］．https：//www.gz.gov.cn/xw/zwlb/bmdt/ssfj/content/post_5515297.html.

表就当前社会工作介入社区矫正的模式、方法，工作中的重点、难点、创新点进行深入探讨，为一线人员提供服务指引。

（二）司法社会工作的新思路、新方法

“司法社会工作的新思路、新方法”——第二届穗港澳社区矫正社会工作研讨会于2019年3月由广州市司法局主办，广东省晨曦社会工作服务中心承办。广东省司法厅、广州市司法局和广州市委政法委领导以及广州市民政局、广州市财政局、各区司法局、各司法社工项目负责人等与来自港澳地区的专家学者共160多人参加了研讨会，并就司法社会工作的新思路、新方法进行研讨交流，致力推动司法社会工作的可持续发展。本次研讨会立意深远，邀请了国际社会工作学刊的总编辑、也是香港地区的专家徐明心教授，从社区矫正社会工作的社会及经济效益分析其重要性和必要性，让与会相关工作者明晰自身工作的价值和意义所在；邀请资深社区矫正社会工作研究学者郭伟和教授澄清了本土矫正社会工作引入的国外循证矫正概念，正确认识其优缺点，是社区矫正社会工作本土化过程中对西方理论和模式的批判性地吸收。此外，结合广州已积累的服务经验，学者刘念教师通过随机纵向定组研究对当下的司法社工服务是否符合社区矫正对象所需展开分析，研究结果显示社区矫正社会工作服务对降低社区矫正对象再犯风险有显著作用，同时强调对社区矫正对象再犯风险与需求的科学测评的重要性，从而精准匹配社工服务，显示了对广州社区矫正社会工作实践的反思总结。

本次研讨会上，也首次由广州市司法局分享了社区矫正社会工作“广州模式”的探索情况，赢得在会港澳地区专家、北京专家学者的认可。通过香港和澳门地区专家对分会场主题为“社会工作在非监禁刑中的定位及作用”的分享，均可发现其均基于司法机关、社会组织、社会力量的系统性分工协作，从社区矫正对象的个体、家庭和社区三个层面发挥作用，也为广州提供了新思路的参考。参会专家也就如何处理本土化与借鉴港澳地区社区矫正社会工作经验的关系进行交流探讨，为参会人员解疑释惑。

（三）非政府组织（社会力量）参与社区矫正工作研究

“非政府组织（社会力量）参与社区矫正工作研究”——第三届穗港澳社区矫正社会工作研讨会于2021年11月30日召开，由广州市司法局主办，广州市司法矫治协会承办，研讨会首次发布广州市社区矫正社会工作宣传片，以呈现广州社区矫正社会工作过往工作成效成果、表彰一批扎根行业砥砺前行的广州司法社工、成效评估优秀的区域社区矫正社会工作项目为引入，进而由香港、澳门及内地专家代表进行主旨发言。

由本土专家学者姜立强副教授以“推进社会力量参与社区矫正工作的思考”为题作分享，《中华人民共和国社区矫正法》对社会力量参与社区矫正作了明确的规定和要求，但实践中仍存在社会力量参与社区矫正不充分、不平衡的问题，制约社区矫正工作的有效开展。推动社会力量参与社区矫正，可以从依托多层级矫正力量动员和吸纳更多社会力量参与，突破财政硬约束为社会力量参与提供保障，细分参与领域提高社会力量参与的精细化程度，多措并举拓展社区矫正领域志愿服务力量等层面进行思考和探索。来自香港地区专家的“香港非政府组织（社会力量）参与社区矫正工作的实践”分享则对香港地区的非政府组织参与社区矫正工作的路径及未来趋势作了分享和展望，“澳门特区政府结合社区力量参与社区矫正工作的实践”分享，对20世纪80年代以来澳门地区社工局与民间机构合作模式、监管机制和非政府组织参与社区矫正工作的优势等作出分析。学者刘念教师以“广州社会力量参与社区矫正教育帮扶的探索与实践”为题阐述在社会治理视角下广州积极搭建社会组织参与体系、规范实践原则、创新实践方法、丰富教育帮扶内容、实现社区矫正流程全覆盖的广州经验。

此外，研讨会也邀请了香港和澳门地区的资深实务专家从社会工作服务机构视角进行分享：以香港善导会为例分享了香港社工机构参与社区矫正工作的经验；以澳门基督教新生命团契“不惑少年”青少年支援计划为例，介绍澳门基督教新生命团契社区式戒毒辅导服务。

党的十八大以来，以习近平同志为核心的党中央着眼于国家长治久安、人民安居乐业，建设更高水平的平安中国，完善社会治理体系，推动社会治理现代化取得重大成就，续写了社会长期稳定奇迹。2021 年人民群众对平安建设的满意度达 98.6%。国际社会普遍认为，中国是世界上最安全的国家之一。[①] 完善社会治理体系，最重要的就是防控化解各类矛盾风险，社区矫正工作是其中的重要一环，广州市社区矫正机构的刚性执法和司法社工的柔性服务有机结合，有效提升矫正帮扶效果。在开展社区矫正社会工作以来，广州的社区矫正对象再犯罪率保持较低水平，社区矫正监管秩序持续安全稳定，为建设平安广州、法治广州作出了积极贡献。

广州市司法局通过主办三场穗港澳社区矫正社会工作研讨会，邀请来自香港、澳门地区和北京、广州多地司法行政系统社区矫正工作者、高校学者专家和一线司法社工齐聚一堂，借此交流平台，大湾区高校研究学者、社区矫正服务机构一线服务者通过主旨发言、互动沙龙和分会场以及论文分享了各自所在区域的社区矫正社会工作服务的相关政策、特色亮点、经验做法和理论经验等。三次研讨会的主题、立意结合当下发展情况和实际需求层层递进，展示了社区矫正社会工作本土化发展的过程和成果。虽然港澳地区和内地的政府治理体系在行政、立法和司法等方面均存在较大差异，但是港澳地区社区矫正社会工作发展相对较成熟，从工作目标、工作理念到具体工作手法，以及多方力量协同的角度，均能给社区矫正社会工作发展相较滞后的内地带来益处和启发；而社区矫正社会工作的本土化发展也借由穗港澳研讨会平台，从政策支持、理论指导、实践模

① 人民日报．完善社会治理体系（认真学习宣传贯彻党的二十大精神）[EB/OL]．(2023-01-11) [2024-01-29]．http：//theory. people. com. cn/n1/2023/0111/c40531-32604033. html.

式、具体手法和具体案例方面进行展示，获得了来自香港、澳门地区和北京等地的社区矫正工作者、高校学者专家和一线司法社工的肯定和建议，搭建未来持续联系与共建平台，有效促进了大湾区社区矫正社会工作的有效交流和良性融合。

第二节　社区矫正社会工作“广州模式”的主要特点

在广州市司法局统筹保障“一盘棋”的规划下，市区两级通过“项目化”采购及运营实现专业化高质量发展，注重矫正与帮扶“刚柔并济”的服务模式，打造“百花齐放”的区域教育帮扶品牌，是广州社区矫正社会工作的主要特点。

一、“一盘棋”——市司法局统筹保障

积极探索社会专业力量参与社区矫正工作，广州市司法局先行先试，统筹主导，创新打造了社区矫正社会工作“广州模式”。广州市司法局制定全市规范性文件，指导成立广州市司法矫治协会，由协会发挥专业统筹功能，负责安排督导巡查等监督指导工作，统筹行业调查及专业研究，使全市社区矫正社会工作“一盘棋”运作，全力保障全市各区社区矫正社会工作的专业化发展。

（一）指导成立广州市司法矫治协会，发挥专业统筹功能

2016 年 3 月，在广州市司法局的指导下，广州地区从事和关注社会工作领域的资深专家和实务工作者发起成立广州市司法矫治协会。协会主要协助市司法局建通道、搭平台，建立联络机制和协调机制；市司法局则通过协会平台，统筹专业力量完善现有项目管理体系、统筹打造司法社工的专业体系、统筹建立行业专家库并发挥作用。

1. 统筹行业专业力量完善项目管理与评估体系

广州市司法局统筹指导协会及其会员单位共同参与，建立全市各区司法社工项目体系、与高校社区矫正社会工作的专家学者合力制定社区司法社工服务项目评估标准、参与各区社区司法社工项目的评估工作、担任专家评委参与广州市司法局社区矫正执法处组织的全市司法社工项目督导巡查等工作。

2. 统筹资金支持建立司法社工专业培训体系

广州市司法局争取财政资金支持开设司法社工培训项目，统筹指导广州市司法矫治协会建立完整的司法社工人才培训体系和本土督导人才培训体系，为司法社工提供在职训练与进修机会等。协会建立一线司法社工知识交流平台，组织面向全市司法社会工作者的综合培训活动，开展新入职司法社工培训、心理健康测评工作专题讲座、《中华人民共和国社区矫正法》专题培训等活动。通过搭建多元化主题培训平台，让全市司法社工能够根据不同的培训内容开展相应的交流学习活动，在深化理解主题内容、促进知识经验共享的同时，更加有针对性地为自身知识体系的扩充提质增效，在交互学习中得到双向协同发展。司法社工人才队伍的能力提升，有助于本土司法社工组织的成熟发展，是全市社区矫正社会工作总体专业成效的保障。

3. 统筹建立行业专家库并发挥作用

广州市司法局指导协会建立研讨交流平台，组织邀请省市司法行政部门领导、港澳专家、本土专家，通过解读政策与动向，梳理国内外社区矫正发展现状，探讨社区矫正社会工作的创新发展，为广州市社区矫正社会工作发展出谋划策。通过协会搭建的研讨交流平台，各方人员共享各自在社区矫正社会工作实践探索中取得的经验成效，在思想碰撞中共同探讨广州市社区矫正社会工作的新思路、新方法、新模式，为推进新时代社区矫正社会工作高质量发展指明方向。

（二）统筹安排督导巡查等监督指导工作

广州市司法局社区矫正执法处每年组织对全市各区司法社工项目开展督导巡查。督导巡查的内容主要包括三个方面：一是落实实施方案、实施细则的情况；二是项目购买方的履责情况；三是派驻司法所司法社工的服务开展情况。督导组实地了解各区司法社工项目的开展情况，督查组强调规范化、专业化建设，以听取报告、文档查阅、访谈等形式开展督导巡查。各区司法局社区矫正执法科负责人汇报区社区矫正工作的开展情况。各区司法社工项目负责人从项目服务完成情况、服务特色、存在困难及应对策略等方面进行汇报。除了在各区司法局巡查，督导组还会深入各街镇所在司法所实地督查社区矫正隐患排查整治工作，通过查阅社区矫正档案、与社区矫正对象面对面交谈、开展专题座谈、查看信息化核查有关系统等方式，全面了解隐患排查整治工作的开展情况和重点人员的基本信息、思想状况、易形成安全隐患的因素等情况。这些细致的督导检查工作确保了广州市社区矫正社会工作专业扎实地实施，也促进了财政资金绩效良性循环。

（三）统筹行业调查及专业研究

行业的调查、研究是发现问题、总结经验并以此促进行业发展的重要方法。广州市司法局高度重视社区矫正社会工作的相关研究，统筹本土高校、司法社工机构合作进行课题研究。同时，市司法局还统筹组织开展社会工作专业知识与技术的数据收集工作，总结梳理本土服务经验，通过调研广州市司法社工人才队伍的发展情况，梳理本土化人才队伍建设的问题，拟定司法社工项目评估体系，推动本土化司法社工项目评估的规范发展，组织召开穗港澳社区矫治社会工作研讨会借鉴港澳地区先进经验，征集编写本土司法社工服务研究论文集、案例集展示专业服务成果。

二、“项目化”——市区两级项目高质量发展

广州市、区两级司法行政机关积极引导、支持、鼓励社工机构和司法

社工通过实施司法社工服务项目的方式依法参与社区矫正工作，为广州市司法社会工作高速发展奠定了坚实基础，也形成了广州市各区社区矫正工作特色鲜明、百花齐放的格局。在项目化服务和管理的推动下，司法社工服务项目以综合管理思路推动整体建设，并以高持证率和强专业背景要求“嵌入式”推动服务有效落地，对社区矫正对象开展“攻心治本”“安身立足”两部分服务，帮助社区矫正对象成为守法公民、顺利融入社会。

（一）以项目综合管理思路推动整体建设

在现代社会治理体系中，项目化管理不仅是一种工作方法，更是一种高效、有序推进工作的思维模式，随着社会工作在基层社会治理体系和治理能力现代化建设过程中的作用逐渐凸显，广州市司法局高度重视社区矫正社会工作项目管理运营的科学谋划，通过对社区矫正工作目标的细化、对各区司法社会工作服务项目进行组织管理的方式进行整体化项目运营，采用“市区分工、政社协同”的战略方针，构建社区矫正工作的“广州模式”，实现持续提高教育矫正效果的目标。市、区两级分工明确，互为支撑，政府监管与社会帮扶形成合力，相辅相成，更好地实现社区矫正工作的质效与能效，维护社会的和谐稳定。

1. 目标明确，方向统一

项目管理是一种为求实现项目目标而进行的系统化的工作方法。为增强社区矫正工作教育帮扶效果，提升司法社工的服务成效，广州市司法局遵循“需求导向，合理设置”“统筹谋划，分清事权”“实证为本，循证矫治”原则，以社区矫正对象群体的危险性因素或需求因素为依据，分级分类设置不同的司法社工服务项目。[①] 通过规划部署市、区两级司法社工服务项目内容，按“市、区”两级进行“纵向”分工，明确司法社工服务项目的工作内容及职责，促进两级司法社工服务项目内容互为补充、相互

---

① 广州市司法局出台印发《广州市司法社会工作项目体系建设实施方案》（穗司发〔2015〕17号）。

支持，从而建立目标统一、科学分工的司法社工服务项目体系。

在保证全市社区矫正工作开展目标明确一致的基础上，市、区（县级市）司法行政机关按事权分别选择需求导向且具有实践性科学意义的司法社工服务项目。市、区两级司法社工服务项目围绕目标，根据辖区社区矫正对象群体特定需求，设计并提供针对性的教育帮扶服务。市、区（县级市）司法行政机关对社区矫正社会工作的发展愿景和方向有清晰的理解，能为各阶段的司法社工服务提供指导。明确统一的目标，则有利于广州市司法局统筹市、区两级各司法社工服务项目的组织管理，能够及时发现偏差并采取相应的措施调整服务计划与方向，确保全市社区矫正工作的推行在正确的轨道上。

2. 组织管理，提供保障

健全的组织管理是项目推进的关键，具体包括制度保障、资源协调、流程优化等。广州市司法局牵头陆续出台一系列地方性文件，规范了对各区司法社工服务项目进行组织管理的方式。

一方面，从总体目标、基本原则、工作内容、工作保障等维度，对如何推进广州市司法社会工作服务项目体系建设、实现执法监管职能与矫治帮扶功能的合理分配、行政执法部门与司法社工组织的协调互动进行明确的规划和部署；另一方面，明确要求对司法社工服务项目的工作量、经济效益、社会效益和可持续影响等方面进行绩效评价。[①] 这些规定涵盖了项目立项、实施、评估、反馈等各个环节，并对流程进行了全面的梳理和优化，确保各项工作的有序进行，并为市、区两级司法社工服务项目的落地提供了组织管理上的保障，也为司法社工服务项目的顺利推进提供了坚实的法律基础和公众信任。

3. 定期监测，保证质量

项目化管理需要一个持续改进的过程，应定期对项目过程进行监测，

① 广州市司法局、广州市财政局、广州市民政局联合出台印发《广州市司法社会工作项目购买服务实施细则》（穗司发〔2015〕92 号）。

并对项目成果进行分析与保质交付，总结经验教训，为未来发展提供参考。评估与总结作为项目化管理的重要一环，广州市司法局也非常关注定期对司法社工服务项目实施效果开展全面的评估。通过组织业内优秀专家团队与运用科学有效的评估工具，每半年对广州市内所有司法社工服务项目的服务推进与管理实施进行监测并提供支持。

作为“广州模式”的项目总指挥，广州市司法局统筹管理全市司法社工服务项目的评估工作，指定第三方评估机构负责市、区两级司法社工服务项目的服务评估及财务评估工作。评估内容主要侧重于运营管理、服务开展、服务成效、财务管理、财政资金使用绩效等情况。市、区（县级市）司法行政机关则对司法社工服务项目的日常管理、服务成效、满意度情况进行综合评价。① 各级司法社工服务项目的建设有标准化指导，各级司法行政机关对评估项目实施质量有明确的标准指引，有助于推动全市社区矫正社会工作服务总结经验，为“广州模式”向更高质量发展提供方向。

通过引入项目管理的理念和方法，广州市逐步形成了管理程序健全、业务流程优化、评估机制完善的社区矫正社会工作“项目化”管理体系，构成了“市区分工、政社协同”的社区矫正社会工作“广州模式”。

（二）以高持证率和强专业队伍要求推动服务落地

在社区矫正社会工作“广州模式”中，司法社工作为社区矫正工作的重要力量发挥了举足轻重的作用。随着社区矫正工作的不断深入，各项服务对司法社工的专业要求也越来越高。为了确保社区矫正社会工作服务的有效开展，高持证率和强专业背景成为司法社工队伍的必备条件。

1. 高质量专业队伍保证社区矫正社会工作专业达标

司法社工队伍的专业化水平在不断提升，越来越多持有专业资格证书的司法社工加入其中，如社会工作师或心理咨询师等。高持证率意味着司

---

① 广州市司法局出台《广州市司法社会工作服务项目评估办法》（穗司规字〔2021〕1号）。

法社工具备了国家或行业认可的专业资格，这是其专业能力的直接体现。持证社工通常经过系统的专业培训，掌握了社会工作的基本理论和方法，能够更有效地进行个案评估、制订干预计划、实施介入服务和评价目标成效。

截至2022年底，广州司法社工的总人数已达到365人。“广州模式”下的司法社工队伍由具有社会学、心理学、法学等相关专业背景的人员以及社会工作师持证人员占比达85%，强专业背景的司法社工不仅有充实的专业理论知识支撑，也能将现代社区治理的理念应用到社区矫正工作。此外，综合学科背景的跨专业队伍建设也更能契合广州人口流动大、社区矫正对象多元且需求多样等环境特点。高持证率、强专业背景的复合型专业人才队伍优化了司法社工质量，为社区矫正工作的开展提供了坚实的服务支撑。

2. 有效“嵌入”推动矫正社会工作专业服务有效落地

在社区矫正社会工作“广州模式”中，司法社工通过“两个嵌入”推进社区矫正工作提质增效。一是司法社工直接嵌入社区矫正工作队伍，以驻点服务的形式，与司法行政工作人员、警察等其他专业人员形成协作体系。这种方式有助于司法社工更快速且完整地了解社区矫正对象的风险与需求，进而为其提供更为及时且适切的个别化矫正服务。自2019年开始，全市176个司法所已达到至少每所配备一名司法社工的目标，实现了专业队伍的全覆盖。二是社会工作专业理念与技巧嵌入社区矫正工作全流程（判前调查、矫正前期的风险需求评估、矫正过程中的介入干预、矫正后的回访跟踪），该嵌入模式确保了服务的连续性和系统性，有助于司法社工更好地发挥专业优势，对社区矫正对象实现靶向治疗，落实精准矫治。司法社工队伍的高持证率和强专业背景是推动社区矫正社会工作服务落地的关键。在专业力量、现代理念和高效技巧的全方位加持下，“广州模式”为社区矫正工作提供科学、有效且实践性强的服务介入方式，切实提高了社区矫正成效，适应了广州市复杂社会结构下对社区矫正工作的需求，体现了现代社区治理的理念。

三、“刚柔并济”——矫正与帮扶并重

在行刑社会化背景下的社区矫正，是司法体制改革以来形成的中国特色社会主义“刚柔并济”刑事执行制度的重要体现，是维护社会和谐稳定的一项重要工作，也是实现我国国家治理能力现代化的重要任务。广州社区矫正社会工作实现了监督管理与教育帮扶、刚性执法与柔性帮扶的有机结合，强调社会工作的人文关怀特征，体现出社区矫正社会工作独特的专业性。结合社会主义核心价值观、总体国家安全观的本土化理念，司法社工既关注“风险控制”并辅助执法人员对社区矫正对象进行监督管理，又强调“助人自助”以提升对社区矫正对象的帮扶成效，体现矫正与帮扶并重的“刚柔并济”特点。

（一）关注“风险控制”，辅助监督管理

刚性执法容易让社区矫正对象产生逆反和抵触心理，而人文关怀的社区矫正社会工作可作为刚性执法的柔性补充，尤其是辅助监督管理“风险控制”这一重要内容。广州市司法局通过直接采购“社区矫正对象心理健康测评及再犯罪风险评估项目”，重点关注“风险控制”工作项目，项目有关内容就包括对全市各司法所新接收的社区矫正对象进行初始风险评估。在该项目中，司法社工通过建立健全对社区矫正对象再犯罪风险的评估和干预机制，对社区矫正对象的再犯罪风险进行科学评估，对再犯罪风险较高的重点人员进行日常监控，建立综合矫治机制。

广州社区矫正社会工作强调与司法行政系统的紧密合作，协助司法行政系统实现对社区矫正对象的再犯罪风险控制，监测社区矫正对象的行为模式和改变。司法社工在社区矫正工作中充当司法行政人员的执法“辅助人员”，及时反馈社区矫正对象的表现和需求，以便司法行政系统能够根

据这些信息调整矫正措施。此外，司法社工关注社区矫正对象的家庭教育和社会支持，协助司法行政系统开展家庭矫正、社会帮扶等工作，辅助降低再犯罪风险。

（二）强调“助人自助”，提升帮扶成效

2020年《中华人民共和国社区矫正法》正式实施，对于推进社区矫正工作，实现社区矫正社会工作的规范化、专业化、法治化、精细化、人性化，以及提升国家治理体系和治理能力现代化具有重大意义。受人文主义刑事司法改革流派、康复性司法治疗取向流派、恢复性司法流派等理论不同程度的影响，社区矫正法提出的社会力量、社区矫正社会工作的嵌入，也充分体现了保障人权、刚柔并济、科学矫正、社会参与、修复融入的行刑社会化司法体制改革理念。广州社区矫正社会工作受人文主义刑事司法改革流派影响较大，强调“助人自助”以增强社区矫正对象应对挫折困难的能力，通过“问题-需求”“优势、资源”“社会力量参与”等视角分析社区矫正对象的综合情况，助力他们矫治行为、建构正向支持网络、融入社会并回馈社会，提升社区矫正整体帮扶成效。

1. “问题-需求”视角助力行为矫治

在社区矫正工作中，社区矫正对象对其身份转变的正视与接受是首先要迈过的关卡，司法社工需要关注社区矫正对象因为其身份转变所面临的问题和需求，通过提供专业的服务和支持，帮助他们解决实际问题，提高生活质量，实现融入社会。首先，司法社工需要深入了解社区矫正对象的生活状况、心理状况、家庭背景等信息，以便进行问题识别，问题可能包括生活困难、心理压力、家庭关系紧张、就业难等。其次，司法社工在识别问题的基础上进行需求分析，需求可能包括生活保障、心理支持、家庭教育、职业培训等。通过对“问题-需求”的分析，司法社工可以制订针对性的社区矫正服务计划，有助于提高社区矫正工作的有效性，预防社区矫正对象的再犯罪风险。

2. “优势、资源”视角助力建构正向支持网络

广州市社区矫正社会工作注重发掘和利用社区矫正对象的潜能和优势，整合社区资源，以促进社区矫正对象行为改变，建构正向支持网络。司法社工通过个性化的评估和规划，发现社区矫正对象的优点和长处，并为他们提供相应的支持和帮助，以激发他们的自信心和积极性，从而增强其内在改变动力。在这个过程中，社区矫正对象更容易对司法社工服务产生信任感，并增强满意度。与此同时，司法社工运用社区资源整合的社会工作手法，关注有效地利用社区的资源来帮助矫正对象，建构围绕社区矫正对象正向改变的社会支持网络，协助社区矫正对象找到他们所需要的资源，甚至帮助他们解决生活中的各种问题，从而帮助他们更好地正向改变。

3. “社会力量参与”视角助力融入社会并回馈社会

社区矫正的目的不仅是帮助社区矫正对象改过自新，也是维护社会的安全和稳定。在国家法律和政策的指导下，广州司法社工利用社工机构的力量，联动新闻媒体、社会组织、街道社区共同营造正向看待社区矫正对象的社会氛围，组织社区矫正对象作为志愿者参与社区教育、文化活动，使大众消除对社区矫正对象的歧视和偏见，以提升社区矫正的效果。例如，新闻媒体可以通过宣传社区矫正对象参与公益服务的正向转变，以及社会力量参与社区矫正工作的成效展示，树立先进事迹和典型，正向推动社区矫正工作。广州市社区矫正社会工作注重社区矫正对象在该过程中的成长性目标，利用人文关怀的社会力量介入，可以帮助社区矫正对象更好地理解和遵守社区规则，理解他人的感受和需求，体会参与志愿服务的意义，从而减少犯罪行为的发生，维护社区的和谐稳定。通过对社区环境的整体改造和优化，既为社区矫正对象融入社会提供必要的支持和帮助，也为社区矫正对象提供回馈社会的长期志愿服务平台。

四、“百花齐放”——打造区域教育帮扶品牌

广州市社区矫正社会工作在市司法局“一盘棋”的统筹下，各区司法局均“项目化”购买社区矫正专业社工服务，并发挥各自的区位优势，打造“百花齐放”的区域教育帮扶特色品牌。

表 3-4　广州各区教育帮扶特色品牌

序号	行政区	品牌名称
1	越秀区	“园艺矫治”特色专项社区矫正服务项目
2	荔湾区	“一湾晴朗”教育帮扶性社区矫正服务项目
3	海珠区	“启明”综合性社区矫正服务项目
4	天河区	“醉后一次机会”醉驾专项社区矫正服务项目
5	白云区	“归雁计划”综合性社区矫正服务项目
6	黄埔区	“金不换”恢复性社区矫正志愿服务项目
7	花都区	“花开有序　未来有你”未成年专项社区矫正服务项目
8	番禺区	“禺见晨曦”综合性社区矫正服务项目
9	南沙区	“四化”教育帮扶性社区矫正服务项目
10	从化区	“1+2+N”公益活动社区矫正服务项目
11	增城区	“志愿同心，义矫同行”志愿服务社区矫正服务项目

(一) 越秀区“园艺矫治”特色专项社区矫正服务项目①

1. 服务背景

当前，我国正处于经济社会快速转型期，随着人们生活节奏加快，竞争压力加剧，个体心理行为问题及其引发的社会问题日益凸显。而社区矫正对象这一特殊群体，往往因自身犯罪带来工作变动、家庭变故、旁人冷眼的压力，更容易产生自卑、焦虑、敌对等情绪及相关心理问题，迫切需

① 该品牌服务由越秀区司法局指导广州市普爱社会工作服务社承接的越秀区司法社工服务项目团队运作。

要加强为其提供的心理健康服务、健全心理矫治体系。社会工作作为运用专业知识与方法协助服务对象舒缓心理压力、提升发展能力、增强社会功能、建立支持网络、改善生活境况的专业性社会服务活动，在开展社区矫正工作中发挥着重要作用。因此，广州市越秀区司法局首创“园艺矫治”概念[①]，在社区矫正工作中融合“园艺治疗”手法，于2019年3月依托越秀区司法社工项目，在越秀区社区矫正中心打造了全国首个“社区矫正园艺矫治项目”。经过多年的积极探索和完善升级，“越向新生”园艺矫治项目总结提炼了“四步、五觉、六感”工作法和“身心社灵”四位一体服务模式，成功帮助社区矫正对象更好地融入社会。

2. 服务模式及内容

“越向新生”园艺矫治项目注重社区矫正对象的体验式学习和深度参与，根据社区矫正对象在不同阶段的不同需要，开展具有针对性的服务。采用“四步”“五觉”“六感”服务手法，引导社区矫正对象尝试参与、用心感受、体会分享、潜变更新；利用园艺刺激社区矫正对象的视觉、听觉、嗅觉、触觉和味觉产生特殊的反应，从而达到疗愈目的；帮助社区矫正对象提升舒适感、愉悦感、自尊感、自我效能感、成就感、融入感。

“越向新生”园艺矫治项目还重点开展了“身心社灵”四位一体服务模式（“身”指对象亲身参与、“心”指心理专业介入、“社”指感受社会接纳、“灵”指纠正偏差认知），推动园艺矫治服务手法不断提质增效。一是“身”园艺。引导社区矫正对象适应社区矫正，通过参与园艺劳作，在完成公益活动、教育学习等社区矫正规定任务的同时，恢复其身体状态，并引导其重视自身机体健康。二是“心”园艺。由心理咨询室或司法社工为具有同质性心理情绪的社区矫正对象进行园艺矫治指导，帮助其疏导情绪，缓解各方面心理压力，促进其心理健康。三是“社”园艺。链接

① 园艺矫治是心理矫治的一种专业方法，指运用园艺疗法的原理与技术，对存在心理与行为问题的社区矫正对象进行的矫正教育与心理治疗，以帮助社区矫正对象恢复心理健康，增强生活适应性，促进转变目标的实现。（越秀区司法社工服务项目首创特色服务概念）

社会资源，搭建“园艺+公益”平台，鼓励社区矫正对象亲自动手制作园艺作品，亲身参与特殊群体慰问帮扶，促进社区矫正对象感受社会温度，培育“向上、向善”心态。四是“灵”园艺。在园艺活动过程中，不断纠正社区矫正对象认识偏差，传递正确“三观”，引导其树立正确的价值取向和精神追求，促进对象灵性健康。

3. 服务成效

截至2023年7月，越秀区共为595人次的社区矫正对象开展园艺矫治，帮助心理状态失衡的社区矫正对象顺利融入社会，全区社区矫正对象再犯罪率大幅低于全国平均水平，园艺矫治服务相关做法得到了司法部、广东省司法厅、广州市委政法委、广州市司法局等上级部门的充分肯定和媒体宣传报道，为筑牢维护社会稳定“心防”工程，为越秀高标准高质量建设老城市新活力引领区、打造高能级国际大都市核心区作出了积极贡献。

（二）荔湾区“一湾晴朗”教育帮扶性社区矫正服务项目①

1. 服务背景

为了给社区矫正对象撑起一片晴空，荔湾区司法局贯通社会资源，提供“定制”帮扶服务。于2021年8月组建“一湾晴朗”工作室，配置心理咨询师、社会工作师，结合西关文化元素，探索“文化魅力+娱乐+参与社会键=再社会化”的模式，提供多元艺术氛围体验，开展心理矫治“扶心”、教育学习“扶知”、公益活动“扶能”系列工作，帮助社区矫正对象适应矫正生活，应对各类心理问题，织密公共安全防护屏障。

2. 服务模式及内容

（1）服务模式：“一湾晴朗”工作室采用“一个中心、一套模式”的工作模式。“一个中心”是指荔湾区司法社工项目依托荔湾区社区矫正中

① 该品牌服务由荔湾区司法局指导广州市心明爱社会工作服务中心承接的荔湾区司法社工服务项目团队运作。

心开展工作，充分发挥社区矫正中心的资源优势，为荔湾区的矫正工作顺利开展提供保障。“一套模式”指的是“爱传承”工作模式，借助西关文化的魅力，发挥“参与”的社会键功能，聚焦心理矫治，以“文化魅力+娱乐+参与社会键=再社会化”的特色服务模式，从心理、知识、行为三个层面，开展“心晴朗”“知晴朗”“行晴朗”的“三层八类”系列项目工作。

（2）服务内容：

①心理层面，开展“心晴朗”系列矫治工作。一是开展“心‘迹’预警”，以心理测评监测社区矫正对象的心理状况；二是开展“心‘晴’辅导”，以心理辅导和心理危机干预帮助社区矫正对象解决目前面临的心理问题；三是开展“静‘心’讲座”，发挥心理讲座的预防作用，传播心理健康知识，保障社区矫正对象的身心健康。

②知识层面，开展“知晴朗”系列矫治工作。结合荔湾区的文化特色、服务对象的需求表达，一是开展“矫‘政’矫知”，联动延伸管教警察、律师专业团队讲解相关政策法规，提升社区矫正对象的法律知识；二是开展“艺‘情’矫知”，运用艺术治疗的手法，结合荔湾区的文化特色，开展荔湾“情”“景”“食”的特色服务。

③行为层面，开展“行晴朗”系列矫治工作。一是开展“‘益’起行动”，与社会组织合作，开发公益岗位，推动社区矫正对象参与公益行动；二是开展“‘职’为你来”，与培训学校合作，开展职业技能课程，提升社区矫正对象的职业能力；三是开展“归‘心’帮教”，鼓励社区矫正对象回顾自己的矫正情况，引导社区矫正对象在行为上蜕变。

3. 服务成效

“一湾晴朗”工作室在“爱传承”的模式下，开展“三层八类”服务，取得了“三层九项”的成效，2021—2022 年社区矫正对象再犯罪率为零，具体如下：一是“心晴朗”的“三级”心理矫治成效。以心理测评进行预警，以心理讲座进行预防，以心理辅导进行干预，凸显心理矫治的“预警+预防+干预”三项级别成效。2021—2022年筛查社区矫正对象579名，为他们提供超2874人次心理辅导。二是“知晴朗”的“三感”知识矫正成效。提升了社区矫正对象的社区融入感、完成矫正任务的能力感、正向自我觉察和体验感，凸显知识矫正的“融入感+能力感+体验感”三项感受成效。2021—2022年开展教育学习活动185场5682人次。三是“行晴朗”的“三项”行动支持成效。在思想改变上，定期组织社区矫正对象进行矫正反思；在职业支持上，成功建设职业教育基地，开展职业技能课程；在行动体验上，建设公益基地，开发公益岗位，凸显行为改变的“思想支持+职业支持+体验支持”三项支持成效。2021—2022年开展公益活动176场4661人次。

项目的执行得到社会的广泛认可，获得司法部预防犯罪研究所、广东省反邪教协会、广州市司法矫治协会等授予的6次奖项，项目执行的4篇经验文章获发表。如《妙用“矫正+”模式推动社矫工作提质增效》在广东政法网、广州政法、广州司法行政、“南方+”客户端等宣传报道；开展规范化社区矫正服务案例相继入选2021年、2022年司法部预防犯罪研究所优秀论文；《心理矫治赋能　打造社区矫正“荔湾样本”　“湾晴朗”工作室以规范化社区矫正心理矫治服务织密公共安全屏障》刊登在司法部主管的《司法所工作》2023年第6期。

（三）海珠区“启明”综合性社区矫正服务项目①

1. 服务背景

海珠区司法局发动社会力量参与社区矫正和安置帮教工作，以政府购买社会工作服务的方式，引进社会工作服务机构，以“中心+驻所”的模式指导驻所社工面向社区矫正对象开展监督管理、教育矫正和适应性帮扶

① 该品牌服务由海珠区司法局指导广州市穗星社会工作服务中心承接的海珠区司法社工项目团队运作。

服务，在服务过程中运用社会工作助人自助的专业理念、方法和技巧，关注社区矫正对象的个体需求，因人施策提供专业化、个性化服务，尝试探索及建立海珠区司法社工特色项目体系，提高教育矫治效果，为海珠区的平安建设提供有力支持。

2. 服务模式及内容

项目采用“1+18+5”的模式开展服务：在海珠区司法局的指导下，建立1个中枢部门，指引18个司法所驻所社工开展服务，通过“5启”行动计划实现全方位的服务帮教，助力社区矫正对象融入社会。

（1）入矫启蒙，助力社区矫正对象完成角色转换。依据《新入矫人员访谈提纲》与社区矫正对象进行初次面谈，深化他们对司法社工角色和职能的认识，借助思维导图共同学习各项监督管理制度、制订个性化矫正方案，协助完成从守法市民到社区矫正对象的角色转换。

（2）多元启学，助力社区矫正对象建立正确认知。联动社区法律顾问，延伸管教警察、心理咨询师等资源为社区矫正对象开展法律法规、思想道德、家庭教育、感恩文化等多元互动体验式学习，引导社区矫正对象在教育学习中建立正确认知。

（3）公益启行，助力社区矫正对象修复社会关系。通过前期摸查，建立专才社区矫正对象库，借助“4社1所”（社矫中心+社会工作者+社区+社会组织+司法所）的模式调动整合资源，为社区矫正对象匹配个性化公益活动，修复社会关系。

（4）精准启心，助力社区矫正对象恢复心理健康。运用《SCL-90症状自评量表》进行全员普查，对得分较高者辅以认知情绪调节、人格等量表进行二次测评，以系统视角收集社区矫正对象个人、生理及社会关系的资料，运用社会工作专业理论开展“一对一”心理矫治，协助社区矫正对象恢复心理健康。

（5）全面启航，助力社区矫正对象顺利回归社会。以“1个核心，3

个落脚点”模式规划就业基地建设。坚持党建引领为核心，以社区、社会组织、企业为落脚点构建“两类人员”就业的社会支持系统，为实现就业提供助推器，助力社区矫正对象顺利回归社会。

3. 服务成效

（1）服务质量稳步提升。立足服务需求，实行“集中教育+个案辅导”形式，引导服务对象认罪悔罪，修复家庭支持、人际交往等功能，累计开展各类活动千余场，服务超3000人次。

（2）帮教机制丰富完善。联动街道职能部门及社工站、青年地带、百家公益基金、广东狮子会等公益力量，对有生活困难或就业需求等服务对象提供帮教服务，已累计提供定期生活帮扶5人次，提供一次性帮扶20余人次，成功帮助实现就业10人次。

（3）专业力量持续增强。认真总结服务经验，汇编形成《司法社工专业服务工作手册》《案例集》等，实现经验共享，同时做好业务培训，定期组织司法社工参加社工证考试等。截至2023年7月，共计3名社会工作者获评市年度优秀司法社会工作者，5篇服务案例在市司法社工案例大赛获奖。

（四）天河区“醉后一次机会”醉驾专项社区矫正服务项目①

1. 服务背景

每年由酒后驾车引发的交通事故达数万起，造成死亡的事故中50%以上都与酒后驾车有关。酒后驾车的危害触目惊心，已成为交通事故的第一大“杀手”。据统计，自2018年以来，天河区接收酒驾、醉驾等危险驾驶罪类型的社区矫正对象约占新接收社区矫正对象总数的40%。此类人员具有刑期短、地区分散、侥幸心理强、易重犯的特点，在短刑期中对其开展个案矫正、讲授式教育和小组系列服务，教育矫治未能达到相应的效果。

① 该品牌服务由天河区司法局社区矫正管理科指导广州市明镜社工服务中心承接的天河区司法社工服务项目团队运作。

为此，天河区根据《中华人民共和国社区矫正法》《广东省社区矫正对象分段分类教育工作指引》的要求，结合社区矫正工作实际，创新服务方式，针对危险驾驶罪社区矫正对象这一特定人群开展“醉后一次机会”社区矫正特色品牌服务项目，帮助此类社区矫正对象正视身份，精准矫治，从而提高教育矫正质量。

2. 服务模式及内容

针对危险驾驶类社区矫正对象矫正期短、地区分散、侥幸心理强、易重犯的特点，天河区持续丰富完善教育学习内容及形式，形成“知行合一”的服务模式，提升服务实效。

“知”：即强化思想认知。采取“三二一”服务策略开展服务，“三”即从酒文化、酒危害、处罚后果三个角度引导社区矫正对象学习了解我国酿酒文化、各地不同饮酒习俗、饮酒的危害以及酒后驾驶、醉酒驾驶相关知识，强调酒后驾驶被处罚后对个人、家庭以及社会的危害性。“二”即运用“线上+线下”“中心+驻点”双平台、双轨道开展服务。“一”即通过一系列小组服务引导社区矫正对象分享个人酒驾经历、事后感想，结合小组互动、前后测问卷调查方式，加强社区矫正对象对饮酒驾驶的危害性的认识，促进其更全面地了解酒后驾驶特别是醉酒驾驶的相关处罚，进而产生敬畏心理。此外，项目提供视频教育资源、网络课程教育、教育学习平台、宣传画册及折页、读书读报等多种学习形式，可供社区矫正对象灵活自主选择时间接受教育。

“行”：即落实教育行动。天河区联动交通管理部门，组织社区矫正对象参与“遵守交规、文明出行”公益活动，宣传文明交通知识，劝导违法交通行为，为社区危险驾驶宣传贡献自己的力量，共同营造安全文明、畅通有序的道路交通安全环境。引导社区矫正对象从“学习者”转化为“文明出行指导员”，让社区矫正对象更直观地意识到危险驾驶的危害，敬畏自己及他人的生命，进而提高社区矫正对象的守法意识，预防和减少再犯罪。同时能激发社区矫正对象的社会责任感，增进其与社区居民的交流，促进其社区融入。

3. 服务成效

自“醉后一次机会”教育矫正特色品牌服务项目开展以来，天河区不断总结工作经验，拓展教育内容，取得了较好的社会效果。

截至 2023 年 7 月 31 日，该项目对危险驾驶类服务对象实现 100%建档，组织开展特色矫治，并对有个案服务需求的社区矫正对象开展专业服务：上传危险驾驶宣传教育视频 20 个，共计 1000 余人次观看；组织危险驾驶类社区矫正对象参与维持道路交通活动 81 场，累计服务近 2000 人次；制作和派发醉酒危害宣传画册 500 册及折页 1000 份；开展线上及线下集中教育学习活动 17 场，累计服务近 500 人次；开设个案服务近 100 人次。据近期数据统计，天河区的危险驾驶类社区矫正对象的占比数已经由前两年的 40%下降到 20%，参与服务的社区矫正对象再犯罪率为 0，效果显著。项目信息曾登载于《广州司法简报》2022 年 1 月刊。

（五）白云区“归雁计划”综合性社区矫正服务项目①

1. 服务背景

2022 年，白云区司法局启动白云区“归雁计划”。白云区“归雁计划”是以加强社区矫正工作作为改善社会治安、提升城中村治理、推进市域社会治理现代化的一个创新突破口，以“司法+社工”为支撑、以来穗对象为重点、以社区矫正对象参与社区治理为特色的社区矫正“归雁计划”。

2. 服务模式及内容

（1）服务模式：

项目通过“平台+驻点”的项目模式，搭建白云区司法社工创新中心平台，派驻司法社工驻点司法局及各司法所，将社会工作专业方法与技巧

① 该品牌服务由白云区司法局指导广州市法泽社会工作服务中心承接的白云区司法社工服务项目团队运作。

融入社区矫正和安置帮教工作实务中，整合资源提供针对性社区矫正社会工作服务，组建以“两类人员”为主的平安社区志愿服务队，增强他们的信心和能力，促进他们顺利再社会化和融入社会。

（2）服务内容：

①开展深度调研“把准脉”。发挥司法社工在心理矫治、个案专业服务等方面的优势，以分片为原则通过“一对一”谈话等方式对所在片区“两类人员”全面开展调研，了解社区矫正对象犯罪的背景原因以及可能再犯罪的风险因素，对其生活条件、心理因素、社会因素等进行分析，并就重点个案进行全程关注和跟进研究。

②强化教育指导“开好方”。全面落实“五个一”教育矫正模式，积极开展“每月一主题”教育活动，常态化组织社区矫正对象开展集中教育。探索对重点社区矫正对象建立“司法所社矫工作人员+司法警察+司法社工”组成的三人教育帮扶小组，有针对性地开展教育帮扶。优化法治教育自选动作，结合区域特点及社区矫正对象个体犯罪类型，设计高质量法治教育自选内容，使法治教育更加入脑入心。

③针对多样需求“强服务”。强化就业帮扶，挖掘多种资源，组织社区矫正对象开展职业技能培训等主题活动，为有需求的社区矫正对象搭建桥梁，推荐就业。加强心理健康服务，面向社区矫正对象的心理知识讲座、心理咨询和心理疏导等服务，如龙归司法所积极发掘第三方资源，链接白云精康医院，邀请精神科医师、心理治疗师，为 1 名社区矫正对象进行心理疏导、心理教育帮扶。金沙司法所设置线上“心理+法律”小课堂，建立微信线上学习平台，从加强社区矫正对象心理矫治入手，探索“监管+疗心”工作模式，对社区矫正对象实行专业化的心理损害修复。重视家庭修复，针对社区矫正对象夫妻关系和亲子关系紧张的问题，开展亲子教育、夫妻感情调节和家庭关系修复专业服务。

④激发主体活力“强转化”。提高社区矫正对象公益参与质量，加强

面向社区矫正对象的志愿服务能力培训，提高社区矫正对象志愿参与实效。拓展志愿参与范围，在组织好社区矫正对象参与平安建设和法治宣传领域的志愿服务的基础上，在垃圾分类、交通疏导、助老助残等志愿服务领域也吸纳社区矫正对象积极参与。丰富公益互动平台，加强社区矫正公益活动基地建设，加强与爱心企业、群团组织、专业公益机构对接，推动公益活动平台多元化。

3. 服务成效

项目自2021年11月6日启动，服务对象超1000人，确保在册“两类人员”不脱管、不漏管，逐步提升他们重新融入社会生活的适应能力，超500名社区矫正对象顺利解矫，无一人重新犯罪。同时通过平安社区志愿服务队，组织“两类人员”参加社区清洁、垃圾分类、交通劝导等志愿服务，累计服务超3000人次。

项目在实践过程中也注重项目经验总结与宣传。2022年12月，项目与广州市社会科学院彭林博士合作在《领导参阅》发表《加强广州市社区矫正工作引领示范作用的对策建议——基于白云区“归雁计划”的案例分析》一文。同时，项目也曾获得《法治日报》、中新网、中国小康网、广州政法、广州电视台、人民城市研究等各类媒体相关宣传报道，产生了较大的社会影响力。

（六）黄埔区“金不换”恢复性社区矫正志愿服务项目[①]

1. 服务背景

“浪子回头金不换”，每一个改过自新的人都是难能可贵的，离不开社会给予的包容和爱。黄埔区“金不换”恢复性社区矫正志愿服务项目（以下简称“金不换”志愿服务项目）以对社区矫正对象开展精准教育帮扶为出发点，以社区矫正对象服务社会、融入社会为落脚点，打造具有黄埔特

① 该品牌服务由黄埔区司法局指导广州市黄埔区普爱社会工作服务社承接的黄埔区司法社工服务项目团队运作。

色的社区矫正教育帮扶模式。《中华人民共和国社区矫正法》对社区矫正对象参与公益服务提出指引，通过黄埔区社区矫正对象参与公益服务调研情况发现：一是社区矫正对象融入社会、参与社区活动现实需求较大；二是根据以往服务经验和个案成效、恢复性司法理念，参与公益志愿服务能够使社区矫正对象提升自信，降低社区矫正对象罪错感，有利于更好地融入社会；三是通过挖掘潜能，制订个性化服务计划，社区矫正对象矫正效果明显。基于此，黄埔区司法局创立以“感化”“回归”“融入”为核心理念的“金不换”志愿服务项目，建立“区社区矫正中心+司法所+司法社工+N（社会各界资源）”的社区矫正新模式，依据社区矫正对象的年龄、健康状况、兴趣爱好、职业技能、优势特长、家庭关系、社会支持等个性化特点，有针对性地制订服务计划，促进社区矫正对象积极融入社会，降低再犯罪率。

2. 服务模式及内容

（1）服务模式。“金不换”志愿服务项目主要是通过“四维一体”社区矫正精准帮扶教育模式实现。司法社工根据社区矫正对象的性别、年龄、职业、文化程度等各不相同的个体差异性，链接社会组织、学校、企业、广州“公益时间”平台，组建不同专长、服务类别的志愿服务小分队，搭建好社区矫正对象参与社区公益志愿服务的桥梁，从而构建融入社区一体的教育、帮扶平台。

（2）服务内容。“四维一体”：一是挖掘发挥潜能，制订个性化服务计划。通过购买专业司法社工服务，建立“区社区矫正中心+司法所+司法社工+N（社会各界资源）”的社区矫正新模式，依据社区矫正对象的年龄、健康状况、兴趣爱好、职业技能、优势特长、家庭关系、社会支持等个性化特点，有针对性地制订“一人一志愿服务计划”。二是对接公益平台，关注回应个别化心理需求。制定《关于组织社区矫正对象积极参与公益活动的通知》《关于探索建立“社区矫正+公益时间平台”制度》，通过搭建

“社区矫正+公益时间”资源平台，积极引导黄埔区当时在册的400余名社区矫正对象有制度指引、有组织、有平台、自主自由地参加公益活动，体会助人的快乐并从中“受益”。借助参加公益活动产生的正向情绪，司法社工适时为有需要的社区矫正对象进行情绪管理技巧辅导，关注回应个别化心理需求，解决其矫正过程中出现的心理问题。三是组建志愿小分队，增强社会连接去“标签化”。有公益服务能力的社区矫正对象均参与“金不换”志愿服务队，并加入不同的分队。同时，引导因被“标签化”导致缺乏安全感和社会归属感的社区矫正对象积极主动参与社会服务，从互帮互助的关系中汲取他人肯定和鼓励的正能量，找到自身存在的价值和生活的希望，逐步提升社会归属感，最终顺利融入社会。四是多方联动聚力，配置“生命教练”精准解困。深入了解社区矫正对象陷入困境或犯罪的原因，为每名家庭社会系统出现问题的社区矫正对象，精心安排司法社工、家属、朋友等一名或多名能产生积极正面影响的“生命教练”，通过“生命影响生命”的方式，共同帮助社区矫正对象修复家庭关系、社会关系中存在的问题，正面引导和鼓励其重新“认识”自己，帮助社区矫正对象重新搭建社会支持网络，顺利走出困境，迈向人生正途。

3. 服务成效

2023年，黄埔区“金不换”志愿服务项目共有400余名在册社区矫正对象作为志愿者，组建圆梦出行、烘焙、义诊、义剪、助老、防疫、交通指引、活动宣传等志愿服务小分队。2023年开展志愿者表彰活动1场，组织社区矫正对象参与精准公益服务144场，共服务社区居民1800余人次。“金不换”志愿服务队深入关注黄埔区困境儿童、长者等困难群体，为困境儿童开展生日会、爱心探访、捐赠等服务并提供帮助物资；深入黄埔区南岗街、九佛街、龙湖街等安置板房区域，为长者提供爱心义诊义剪服务。司法社工项目着力打造公益帮扶教育基地，与区内15个街镇社工站、学校、企业签订共建合作协议，清晰明确社区矫正对象参与服务内容、信息保密、安全保障等内容，为“金不换”志愿服务项目的铺开打下良好的基础。2023 年，“金不换”志愿服务项目还结合黄埔区地域情况，探索建立了“圆梦出行队”和“护老爱心司机队”，助力长者和残障人士顺利出行，开展“金不换”志愿服务队一周年表彰活动，维系队伍发展，培养志愿者骨干，增强社区矫正志愿者的归属感和荣誉感。

2023 年 7 月，黄埔区向全国社会公众征集“金不换”志愿服务队队徽，让社会公众一起为改过自新的人群点赞。队徽征集活动引起了社会各界的广泛关注，共收到来自广东省内、山东、广西、江苏、辽宁等地的投稿数十份，成功让社会更多人士理解、支持“金不换”志愿者服务队活动。“金不换”志愿服务队受到社区干部、群众的广泛好评，项目经验被“广东普法”、“平安黄埔”、《广州日报》《新快报》等媒体选登 20 余篇，获得广泛认可。

（七）花都区“花开有序　未来有你”未成年专项社区矫正服务项目①

1. 服务背景

未成年人是国家的未来、民族的希望，是社会主义现代化建设事业的接班人。未成年人能否健康成长，关乎民族振兴。作为社会群体中的特殊群体，未成年人正处于长身体、长知识的重要时期，各方面尚待成熟，大部分存在知识和经验贫乏、辨别是非能力弱、模仿性强、容易冲动且易于受外界的不良影响等特点。为贯彻落实《中华人民共和国社区矫正法》《中华人民共和国未成年人保护法》《关于建立侵害未成年人案件强制报告制度的意见（试行）》，保护和帮助未成年社区矫正对象的健康成长，引导其向上向善，花都区司法局结合工作实际，针对未成年人这一特殊的群体，制定并开展“花开有序　未来有你”社区矫正特色服务项目，从入矫到在矫，再到解矫，坚持守正创新，坚持精细管理、精准矫治、精心帮

① 该品牌服务由花都区司法局社区矫正与帮教安置科指导广州市花都区启明社会工作服务中心承接的花都区司法社工服务项目团队运作。

扶，全过程、全方位、多角度地为未成年社区矫正对象提供监督、教育、指引和帮助，为未成年社区矫正对象高质量矫治护航。

2. 服务模式及内容

花都区“花开有序　未来有你”社区矫正特色服务项目采取“3+4”服务模式，即在未成年社区矫正对象的特殊入矫、在矫教育、解矫帮扶三个阶段，结合四种工作模式，实现未成年社区矫正对象高质量矫正，助力未成年人健康成长。

个性化入矫，树立在矫意识。当新入矫未成年社区矫正对象报到时，工作人员立即对其启动特别保护程序——非公开矫正，保护未成年人隐私。入矫宣告、个别教育、奖惩训诫、解除宣告、档案资料密级封存等，对其身份信息均予以严格保密，特殊保护贯穿始终。

个性化教育，纠正错误行为。成立由未检检察官、司法社工、高校心理教育教师组成的教育团，未成年社区矫正对象入矫后，实现一对一跟踪教育辅导，详细了解每个未成年社区矫正对象的成长经历、家庭情况等，开展有针对性的心理个案辅导、法治教育、德智教育和就学就业辅导，让他们在反思自身行为的基础上，提升法律意识，辨别“损友”与“益友”，保持积极的心态，创造自己的美好未来。

个性化研判，预防重新犯罪。将未成年社区矫正对象列入重点关注对象，结合其犯罪事实、悔罪认罪态度、学习生活情况、监护人情况等，实施“一人一方案”监管，按月和季度进行考核奖惩，对遵守管理规定，表现较好的对象，及时调整管理级别，对违反规定的对象，及时训诫警告并调整管理措施，防范未成年社区矫正对象脱管漏管、重新犯罪。

个性化帮扶，助力顺利回归。为帮助未成年社区矫正对象顺利融入校园生活、回归社会，综合他们的性格、家庭、行为等个性化特点，不定期组织公益活动：关爱福利院儿童、探望独居老人等，在公益活动中，切实增强未成年社区矫正对象的社会责任感，通过他们自身实际体验，从心底激发其优良道德品性，增强其自身内驱力、行动自觉，更好地融入家庭、学校和社会。

3. 服务成效

开展“花开有序　未来有你”社区矫正特色品牌服务项目，一方面，个性化入矫结合未成年人身心发展的规律和特点，尊重未成年人的人格尊严，采取教育与保护相结合的方式，对身份信息与案件信息严格保密，使得走上歧途的未成年社区矫正对象日后就学、复学、复工时不受歧视，能够顺利回到正轨；另一方面，通过个性化的教育与帮扶，不仅能帮助未成年社区矫正对象放下心理负担，增强法律意识，还能让他们倍加珍惜来之不易的再学习、再就业机会，为国家、社会发展贡献力量。

（八）番禺区“禺见晨曦”综合性社区矫正服务项目①

1. 服务背景

番禺区司法社工于2013年启动“晨曦计划”社区矫正社会工作服务后，经过3年的不懈奋斗与深入探索，于2016年升级打造了“禺见晨曦”番禺区司法社会工作项目，通过围绕社区矫正对象的心理和行为矫治、家庭关系修复、社会支持网络改善、组织公益服务和教育学习的需求设计服务方案，并将动态风险评估机制融入社区矫正工作流程，通过“统一指令，三分推进（分段处遇、分类教育、分工协作）”的方针，与司法行政机构形成社区矫正的“矫治铁三角”复合运作模式，体现有效的信息互通、资源利用、人力配比，三方形成了稳固的状态，全面深化对社区矫正对象的监督管理和矫治帮扶的作用，通过“三分推进”以实现社区矫正机构“刚性执行”和司法社工“柔性服务”有机结合，达到标本兼顾的目的，是一项旨在帮助社区矫正对象重新融入社会的综合性服务项目。

---

① 该品牌服务由番禺区司法局指导广州市番禺区普爱社会工作服务社承接的番禺区司法社工服务项目团队运作。

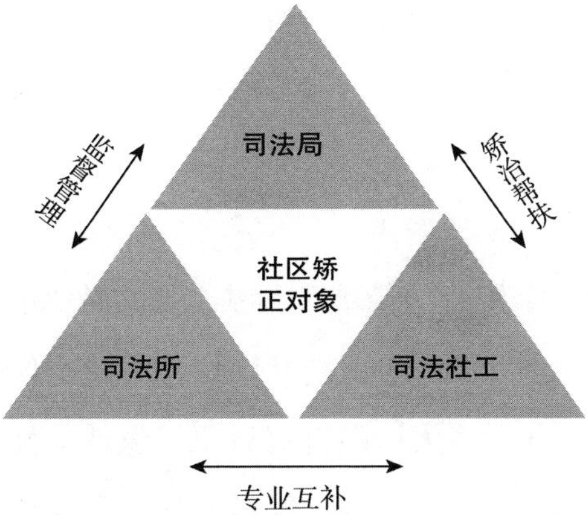

图 3-21　“矫治铁三角”复合运作模式

2. 服务模式及内容

（1）服务模式：“禺见晨曦”把本项目划分为“晨光熹微 · 初始计划”“晨曦初晓 · 自强计划”“旭日东升 · 新生计划”“朝霞满天 · 活跃计划”四个层面的子项目，司法社工通过驻点区社区矫正中心、镇街司法所全流程介入社区矫正工作，推动“精准社矫”的深入建设。

（2）服务内容：

①晨光熹微 · 初始计划，评估社区矫正对象的风险等级，为社区矫正对象建立个人矫正档案提供专业意见，为司法机关核定社区矫正对象周期考核表现提供部分依据。在社区矫正日常过程中，司法社工关注社区矫正对象的思想变化，动态识别风险和需求，及时为其提供正向支持。

②晨曦初晓 · 自强计划，司法社工以社会工作专业服务理念和手法，整合司法局、司法所已有资源（法律咨询、调解），链接社会力量支持，协助社区矫正对象解决问题，搭建社会支持体系，融入社会。

③旭日东升 · 新生计划，司法社工结合各镇街社区矫正情况制定教育帮扶主题，尝试打造特色典范。引导社区矫正对象参与公益服务，实现自我价值，融入社会、服务社会，从而实现社区矫正对象有效再社会化。

④朝霞满天 · 活跃计划，主要面对即将解矫的社区矫正对象，针对解

矫前的适应问题、社会融入问题的针对性提供支持服务，着重提高即将解矫社区矫正对象的法律意识，帮助端正心态，推动其顺利融入社会，成为守法公民。

3. 服务成效

（1）对症下药，个别化“精准”帮扶。司法社工综合采用专业心理量表、多方面谈、实地查访等方法识别社区矫正对象个体的再犯罪风险和帮扶需求，运用个案工作手法为社区矫正对象提供适应性帮扶、心理健康辅导、社矫意识调适及行为修正等服务，联动矫正小组成员、村（社区）、民政部门等，为有需要的社区矫正对象提供政策咨询、就业援助等帮扶性服务，有效降低再犯罪风险。2016 年至 2022 年 7 月“禺见晨曦”项目共完成初始评估 4904 份，实施心理健康服务 258 人次，开展社会工作个案服务 4582 人次，实现矫正精准化，协助解决社区矫正对象生活工作等问题。另外还包括 8 个未成年社区矫正对象个案，司法社工通过了解未成年社区矫正对象面临的困难和需求，帮助其逐渐走上正常轨道，顺利融入社会。

（2）循循善诱，分类分段“精准”教育。按社区矫正对象的犯罪类别、管理类别，在社区矫正工作的不同阶段“分类分段”开展教育学习工作，激励社区矫正对象积极转变思想。司法社工结合社区矫正对象的特长设计公益活动，培养其树立正确的人生观、世界观、价值观。例如，司法社工组织培育成立番禺区晨曦志愿服务队，搭建个人、家庭、社区等多方参与的社会融入平台，参与交通劝导、垃圾分类、法治宣传等志愿服务活动。形成“以教育学习为基础，强教育、重引导；以公益活动为抓手，用特长、促回归”的教育矫正思路，增强矫正对象法治观念和守法意识，促进教育成果的有效转化，达到预防重新犯罪的目标。2016 年至 2022 年 7 月“禺见晨曦”项目共协助开展公益活动约 3800 人次，协助教育学习约 4700 人次。

（3）群策群力，多方力量“精准”助力。深入贯彻落实《中华人民共和国社区矫正法》，动员社区爱心企业、专业律师等社区资源参与社区矫正教育帮扶，提升教育帮扶成效。番禺司法社工项目打造番禺区社区矫正资源库，动员社区爱心企业为社区矫正对象提供就业帮扶、临时生活救助，链接专业律师免费为生活困难的社区矫正对象提供法律咨询服务等。2016 年至 2022 年 7 月“禺见晨曦”项目共协助帮扶服务 376 人次，协助 9 人落实就业岗位。

（4）因地制宜，深耕“精准”社矫建设。结合番禺区社区矫正对象的犯罪类型分布，剖析区域犯罪特点，打造“拒绝酒驾”教育品牌。司法社工项目设计以拒绝酒驾为主题的系列社区教育活动，以“启发性教育+社区绘画宣传+公益视频引导”的创新形式开展“危险驾驶罪与交通肇事罪”集中教育、“人间自有真情在”亲情感化教育等活动，共计 101 名社区矫正对象参与其中，增强其悔罪感，提升社区矫正对象与家庭成员的相互支持效能，强化对其行为的约束，产生正向影响。引导 32 名社区矫正对象进入企业、社区开展“车行千万里，拒酒零距离”酒后禁驾普法宣传公益活动，营造正向、有序的社区环境，产生持续改善的正能量。

（九）南沙区“四化”教育帮扶性社区矫正服务项目①

1. 服务背景

南沙区社区矫正工作立足实践，逐步探索形成了独具特色的“基地四化”教育帮扶模式，以基地化模式促进教育帮扶规范化、经常化、多样化，为建立完善南沙特色、广州样板的教育帮扶体制机制作出了贡献。

2. 服务模式及内容

一是打造“正能公益”基地，提振奉献精神。南沙区司法局榄核司法所积极打造“正能公益园”，根植本地农业特色，组织矫正对象参与园区农作物种植，以收获的农作物回馈、服务周边生活困难的村（居）民，提

① 该品牌服务由南沙区司法局指导广州市和悦社会工作服务中心承接的区司法社工服务项目团队运作。

升矫正对象被社区肯定的获得感；黄阁司法所建立“黄阁麒麟荔枝公益活动基地”，发挥地区文化特色，组织矫正对象全周期参与荔枝种植，为本地“荔枝节”提供志愿服务，提升矫正对象社区活动的参与感；横沥司法所与横沥社工站合作建立“社区矫正公益活动中心”，定期组织矫正对象开展服务社区公益活动，鼓励矫正对象以志愿者身份在社工带动下服务周边群众，增强矫正对象与邻里的亲近感，引导矫正对象凝聚奉献、友爱、团结、互助的正能量。

二是打造心理矫治站室，开好“心理处方”。南沙区用好广东外语外贸大学校外实践基地和广州市社会心理学会心理教育科普工作站，对接本地“粤心安”工作室，统筹专业心理服务力量，支持对社区矫正对象开展心理辅导、心理咨询和危机干预。依托心理志愿服务队，开展“女性力量心理支持小组”项目，辅导帮助女性社区矫正对象能够更好地维护家庭及社会关系。

三是建设分类教育基地，注重多维引导。南沙区依托本地传统文化、红色文化、法治教育以及就业资源、技能培训、亲情教育等，创新开展“3+N”分类教育矫正模式，建立南沙区社区矫正工作“3+N”分类教育矫正体系，建立社区矫正正能讲师团、组建心理志愿服务队，实施“特色示范课工程”。依托南沙本地党史学习教育主题公园、南沙天后宫、虎门炮台遗址、冼星海故居等本地红色教育基地建立矫正教育课堂。联合区、镇（街道）就业指导中心，依托全区 12 个社区矫正过渡性安置基地，衔接建立社区矫正对象技能培训和就业推荐机制，提供职业技能培训并帮助矫正对象实现就业。

四是用好现有社区基地，引入社会力量。南沙区吸纳有一定专业特长、参与面广、服务功能强、作用发挥好的社区治保力量、网格员、村（居）退休老干部、热心公益的村（居）民组成“南沙区向阳志愿服务队”，以社区公共法律服务室为基地，教育引导社区矫正对象服务村（居）

邻里，融入社区生活。鼓励企事业单位、公益慈善组织和个人通过与南沙区司法局共建过渡性安置基地，支持符合条件的矫正对象入职企业单位，对社区矫正志愿服务活动进行资助，形成多渠道、多元化的参与机制。

3. 服务成效

社区矫正工作开展以来，南沙区司法局始终坚持紧紧依靠基层组织，广泛发动人民群众参与社区矫正工作，从实际出发，积极研究探索专群结合开展社区矫正工作，做实做专教育帮扶措施，取得了良好效果。目前南沙区有从事社区矫正工作的社会工作者 40 人，社区矫正正能讲师团专业讲师 10 人，“南沙区向阳志愿服务队”社会志愿者 389 人，心理科普站 1 个，对接“粤心安”工作室 2 个，现有村（居）公共法律服务室 167 个，建有公益活动基地 3 个、教育培训基地 2 个、过渡性安置帮教基地 12 个，实现了资源全区统筹，基地全区共享，共促社区矫正矫治教育质量全面提升。

（十）从化区“1+2+N”公益活动社区矫正服务项目①

1. 服务背景

随着社区矫正制度的不断完善，公益活动在社区矫正中教育和感化的作用不容忽视。司法社工参与社区矫正工作，引入社会工作的服务模式，加强社会矫正工作管理，积极拓展公益活动的形式和内容。

根据过往经验以及年度需求调研分析，社区矫正对象 97.18%愿意有时间就会参加公益活动，98.59%希望参加公益活动的形式可以多样化，88.03%愿意以身说法去影响他人。他们希望参加环境整治、社区宣传、探访孤寡老人、站点值班等公益活动，对于有剪发、维修等具有特殊技能的社区矫正对象，他们更希望运用自己的专业特长参加公益活动。

从化区认真贯彻落实《中华人民共和国社区矫正法》及社区矫正规范

① 该品牌服务由从化区司法局指导广州市花都区心感觉心理辅导中心承接的区司法社工服务项目团队运作。

化建设要求，探索出“1+2+N”社会力量参与社区矫正公益活动的服务模式，促进社区矫正对象修复社会关系、培养社会责任感，助推社区矫正工作取得新突破。

2. 服务模式及内容

一是利用“1个平台”，完善公益活动“新闭环”。利用“广州市穗矫易社区矫正教育平台”，延伸其使用功能，各司法所可发布公益活动，接受矫正对象报名并做好衔接，通过精准高效的信息对接和工作协同，实现公益活动“一键启动”。司法所工作人员登录电脑即可实时掌握社区矫正对象的公益活动参与情况。2023年在此平台共组织公益活动56场，覆盖社区矫正对象1774人次。

二是运用“2种模式”，触发公益活动“新形式”。制定“菜单式”公益活动模式。根据社区矫正对象的健康状况与技能特长，制定不同的公益活动类目，社区矫正对象可在菜单中根据自身技能、兴趣进行自由选择，通过此方式，再无出现无故不参加的现象。统筹策划大型公益活动模式。由20人以上社区矫正对象集体参加，贴合工作实际情况和现有资源，结合重大时间节点，创新公益活动方式，引导社区矫正对象参与多样化公益活动。

三是凝聚“N方力量”，开启公益活动“新合作”。充分发挥各镇街社工站作用。通过各镇街社工站协调开启助老、助残、助学等社会公益活动；充分发挥从化区现有公益组织作用。利用其社区资源丰富、专业背景好、组织能力强、参与公益事业热情高等优势，加大与公益组织对接，提高社区矫正对象参与社区服务方式多样性；联合各单位力量深入参与。区矫正中心与各企事业单位、社会组织、乡村红色旅游等单位合作，并签订“社区矫正阳光公益服务”协议，通过调动社会力量，真正实现社区矫正工作“走出去”。

3. 服务成效

2023年至今从化社区矫正项目组织参与公益活动共56场次1774人

次，其中值班类活动134人次、增收帮扶类活动60人次、“助老”活动与法律宣传活动各20人次、安装技能类活动10人次、环境整治活动1530人次。

社区矫正对象能够积极主动参与公益活动，不但可以提升他们的自我认可度，也可以促使他们养成向善、向上的良好品行。譬如城郊司法所某社区矫正对象，司法社工运用公益服务的形式帮助其融入“志愿者”身份，让其人生观有了质的变化，其在递交思想汇报时表示：“参加志愿者，做公益活动，使我的生活更有意义了，以后我会不断充实自我、完善自我，积极矫正，感谢给我提供这么好的平台！”该社区矫正对象成功从“违法者”转变为“志愿者”，自我价值感得到了提升，促进其更好地适应社区矫正的管理，顺利度过社区矫正期。

转观念、学新知、想新法、用新招，坚持监督管理与教育帮扶相结合。鼓励社区矫正对象积极参加公益活动，养成守法向善的思想和行为习惯，为顺利融入社会奠定基础。

（十一）增城区“志愿同心，义矫同行”志愿服务社区矫正服务项目①

1. 服务背景

随着《中华人民共和国社区矫正法》的正式实施，社区矫正工作进入了一个崭新的发展阶段。增城区自2015年购买司法社工项目协助开展社区矫正工作以来，组织社区矫正对象参加公益活动已成为提升矫治质量的一项重要内容，对于社区矫正对象更好融入社会起到不可忽视的作用。然而，在实际操作中，公益活动的开展存在诸多问题，如参与意愿不强、资源不足，以及组织管理能力欠缺等。为了有效解决这些问题，更好地贯彻《中华人民共和国社区矫正法》第四十二条的立法精神，增城区司法局设计了“志愿同心，义矫同行”志愿者统筹与服务项目。

① 该品牌服务由增城区司法局指导运作，区司法社会工作服务项目的承接机构为增城区心之光社会工作服务中心和广州市北斗星社会工作服务中心。

2. 服务模式及内容

“志愿同心，义矫同行”志愿者统筹与服务项目，主要是为激发社区矫正对象志愿服务意识与动力、提升志愿服务能力、开发多形式志愿服务岗位、倡导志愿服务氛围，从而有效培养社区矫正对象社会责任感，修复社会关系，最终促进其顺利融入社会，预防和减少重新犯罪。项目分为“义同展翅”成长驿站与“义心相融”志愿服务营造两个子项目。

（1）“义同展翅”成长驿站，主要是对新加入或入矫初期的社区矫正对象给予志愿活动意义、志愿服务技能的培训与提升，同时，兼顾加强资源链接，协同开发多内容、多形式的志愿服务岗位。具体包括：一是为新入矫社区矫正志愿者及一般社区矫正志愿者提供志愿者价值导向、服务上岗前、志愿者服务技巧等培训，从而习得服务的理念与技巧，提升志愿服务质量。为社区矫正骨干志愿者开展相对应的专业服务能力提升培训，例如团队管理与协调、学习统筹对外沟通交流与协调技能，因此社会工作者可在以上两方面发挥作用。二是开发多内容、多形式的志愿服务岗位。根据社区矫正对象的个人特长及期待，在社区范围内整合正式或非正式资源，开发更多的志愿服务岗位/服务内容，以提升参与志愿服务的匹配度，在一定程度上为社区矫正对象实现自主参与志愿活动发挥积极作用。

（2）“义心相融”志愿服务营造项目，主要是推动社区矫正志愿者团队的建设和激发团队志愿服务动力，促进社区矫正志愿者之间的互动与沟通，营造志愿服务氛围。具体包括结合社区矫正志愿者服务表现情况开展志愿者表彰活动、评选月季度志愿者之星等服务，展示社区矫正志愿者风采，推动志愿服务队培育和发展志愿者，从而营造参与志愿服务的良好氛围。

3. 服务成效

（1）“义同展翅”成长驿站的开展，使社区矫正志愿服务队不断壮大，有效提升了社区矫正对象的志愿服务能力，志愿服务的质量得到了提高，同时也开发了更多的志愿服务岗位。根据统计，项目实施以来共招募社区矫正志愿者 846 名，开展活动 405 场，总服务时数 11766 小时，组织志愿者培训 114 场，志愿服务队实现内部互助帮扶金额 2 万余元，对外捐物、助学等帮扶金额超 10 万元，开发志愿服务岗位 8 个，包括交通劝导志愿岗、“创文”志愿服务岗、普法志愿服务岗、“同伴辅导”服务岗、微心愿等。

（2）“义心相融”志愿服务营造，推动社区矫正志愿者团队的建设和激发团队志愿服务动力，促进社区矫正志愿者之间的互动与沟通，营造浓厚的社区志愿氛围。项目对志愿服务中表现优秀的 60 名优秀志愿者、6 名志愿者骨干、4 支志愿者团队进行了表彰，对志愿者的服务给予了肯定，维系志愿服务活力。

通过志愿服务项目的持续推进，为社区矫正对象提供了更好服务社会的机会，为融入社会打下了坚实基础。积极参与社区公益活动，使社会公众看到社区矫正对象的改变与付出，从而重新接纳他们。该志愿服务项目为增城区近年来缓解监管压力，持续维持再犯罪率在较低水平起到了积极作用。

综上所述，“志愿同心，义矫同行”特色服务项目在增城区司法局指导和支持下取得了显著的服务成效，为社区矫正工作的推进提供了有益的参考和借鉴。

第四章

广州社区矫正社会工作的反思与展望

从政府主导模式下的差异统一到政社互动形式下的合作共赢，社会工作参与社区矫正逐步走进公众的视野，我国社会工作参与社区矫正事业逐步走向成熟①，而社区矫正社会工作“广州模式”之所以能取得良好的发展成果，在于其坚持以党建引领为核心点，以再犯罪风险防控为聚焦点，以平安建设为落脚点，进而为社会的和谐稳定添砖加瓦。与此同时，为迎合时代的发展，“广州模式”还需在政府采购项目机制和司法社工队伍建设两方面进一步优化完善，并牢牢把握“聚焦社会稳定保安全”“稳住落实就业基本盘”“推动社会融合再发展”三个发展要求，在党建引领下凝聚多方力量协同共治，完成从规范到引领、从广度到深度、从行动到研究的嬗变，全面推动广州社区矫正社会工作的高质量发展。

第一节　广州社区矫正社会工作发展的核心点、聚焦点和落脚点

坚持党的领导是抓好党的事业的根本前提，加强党的建设是推动事业前进的根本保证。在过往对社区矫正社会工作的10余年探索中，广州市司法局持续深入贯彻习近平法治思想、基层治理思想和“总体国家安全观”等思想②，贯彻落实司法部和省委、省政府，市委、市政府的部署要求，全面推进“队伍+服务”双嵌入的社区矫正社会工作“广州模式”。在广州社区矫正社会工作的有效作用发挥下，广州社区矫正工作多方面工作保持广东省第一、全国领先水平，全市社区矫正对象再犯罪率长期保持在低

① 储华林．社区矫正社会工作的实践困境与路径优化［J］．西安建筑科技大学学报（社会科学版），2022，41（3）：62-67.

② 广州市司法局官网多篇报道总结。

位水平，为平安广州、法治广州建设作出了积极贡献。[①] 广州市社区矫正社会工作成效显著，得益于对以下三点的牢牢把握：一是坚持以党建引领为核心点，二是以再犯罪风险防控为聚焦点，三是以平安建设为落脚点。

党建引领是核心点，源于党建工作是推动社区矫正工作发展的重要保障。主要体现在以下方面：一是党建引领有助于提升司法社工的政治觉悟，确保他们始终坚定“四个自信”，坚决维护党的领导地位，为社会工作专业服务顺利嵌入传统社区矫正工作提供坚强的政治保证。二是承接司法社工服务项目的各社工机构，在市司法局统筹的项目评估办法指导下，均注重本机构的党组织建设，借助党组织的凝聚力和战斗力，确保党的决策部署在社区矫正社会工作的专业服务中得到贯彻落实。三是党建引领有助于推动司法社工不断提升业务能力，通过学习党的理论和政策，聚焦党和国家的工作大局，增强社区矫正社会工作的专业性和针对性。在实际工作中，尤其要注重运用党的群众路线，深入开展调查研究，了解社区矫正对象的需求，创新工作方法，提高工作效能。四是党建引领有助于加强社区矫正对象感受党和政府的关爱和服务，确保他们的合法权益得到有效保障，帮助他们顺利融入社会，降低再犯罪风险。换言之，以党建引领为核心点有助于提升司法社工的政治觉悟、业务能力和工作效能，为社区矫正对象提供更好的服务，推动社区矫正社会工作取得更好的成效。

再犯罪风险防控是聚焦点。社区矫正对象的“再犯罪”是指其在社区矫正期间再次犯罪，其特征是社区矫正对象在监督管理状态下犯罪，这既是对国家执法权威性和司法裁决公信力的挑战，也是对其正在实施的干预项目和矫正措施的否定。若再犯罪风险防控不力，社区矫正对象可能再次

---

① 广州市司法局．广州市社区矫正工作会议召开：多个方面工作保持全省第一、全国领先［EB/OL］．（2023-06-30）［2024-01-19］．http：//sfj. gz. gov. cn/ztlm/zzfu/sfyw/content/post_9082464. html.

犯罪，从而引发社会治安问题，影响社会稳定，所以再犯罪风险防控不仅关乎社区矫正对象的个人命运，更关乎社会的和谐稳定。因此，再犯罪风险防控是社区矫正社会工作的聚焦点和重中之重。数据显示，2023 年 12 月，广州市在册社区矫正对象近 7000 人、年列管超 1.3 万人，居全省首位，但在矫期间再犯罪率长期保持低位水平（0.2%）。为有力做好再犯罪风险防控，广州市社区矫正社会工作主要采取了以下有效措施：一是以再犯罪率为衡量工作成效的关键评价标准；二是将再犯罪风险防控落实到服务开展的每个环节，环环相扣，最终达到有效防范的目标；三是刚柔并济，将柔性帮扶和刚性执法结合，从根源上消解社区矫正对象的重新犯罪诱因和消极因素，帮助其融入社会。

平安建设是落脚点。平安是民生福祉所系和社会繁荣发展之基，而平安建设是一个动态发展的过程。当前正处于“两个一百年”奋斗目标的历史交汇期，建设更高水平的平安中国具有更加重大而深远的战略意义，广州市作为国家重要的中心城市和超大型城市，其平安建设的意义不言而喻。而根据《广州市平安建设条例》，社区矫正工作属于广州市平安建设的重点防治工作内容，包括从依法推进社区矫正工作，落实监督管理、教育帮扶等各项任务，到为社区矫正对象在教育学习、心理辅导、职业技能培训、社会关系改善等方面提供必要的帮扶。而社会工作服务嵌入广州社区矫正工作在平安建设中发挥的突出作用主要表现为：一是通过专业心理咨询和辅导服务帮助社区矫正对象解决心理问题，提高其自我认知和自我调整能力，为其顺利融入社会打下坚实基础；二是通过开展各种职业技能培训和就业指导，帮助社区矫正对象提高就业能力，增强其社会适应能力；三是通过建立和完善社区服务网络，为社区矫正对象提供生活、学习和就业等方面的帮助和支持，为其打通融入社会的“最后一米”，从而在社区矫正工作助力广州市平安建设过程中体现“全链条”跟进和“压舱石”角色。

第二节　广州社区矫正社会工作发展存在的问题及改善建议

一、政府采购机制存在完善空间

在我国新公共管理强调效率、市场化和结果导向的管理模式推动下，政府向社会力量购买社会服务已成为转变政府职能、激发社会活力、提升国家治理能力的一项重要工作。[①] 政府采购社区矫正社会工作服务成为社会工作服务机构开展社区矫正社会工作最重要的经费来源。[②] 然而，在当前政府采购社会服务的大背景下，社会工作服务机构更像是政府雇用的体制外的“非正规劳工”，具有雇用时间短、薪酬水平低等特征。[③] 采购模式单一化不利于优质司法社工服务机构的选拔，采购服务周期短不利于服务的持续深耕、经验积累和品牌打造，采购经费标准低则不利于司法社工服务的高质量发展和人才队伍的稳定。

采购模式单一化不利于司法社工服务机构选拔。2015 年 3 月，广州市司法局印发了《广州市司法社会工作项目体系建设实施方案》，该方案规定，以政府购买服务项目的方式，建立市、区两级项目库，由司法社会工作机构承接对社区矫正对象的教育矫正、社会适应性帮扶等司法矫治服务工作；市区两级司法社工项目的经费按照社区矫正对象与社工 20∶1 的比例确定（其中未成年人社区矫正、青少年社区矫正项目以及其他专业要求较高的项目可按 15∶1 的比例确定），每名社工的购买服务经费按照 10 万

① 岳经纶，王燊成．社会服务管理中的管理主义与专业主义张力：基于政府购买社会服务的分析［J］．行政论坛，2018，25（1）：34-42.

② 郑广怀，张政．社会工作机构何以向劳务公司转变：基于国家-社会关系的视角［J］．广东社会科学，2021（4）.

③ 同②.

元确定，并列入市、区财政公共预算。该方案的出台，标志着广州市司法社会工作保障长效机制的正式确立。同年 8 月，广州市司法局联合广州市财政局和广州市民政局印发《广州市司法社会工作项目购买服务实施细则的通知》，率先推动采购社区矫正工作服务的规范性文件出台，加快推进广州市社区矫正社会工作人才队伍建设，增强财政支持社区矫正社会工作的科学性和公正性，规范社区矫正社会工作项目的购买服务程序，为社区矫正社会工作提供了资金支持和制度保障。[①] 截至 2023 年 12 月，广州市沿用的市级、区级司法社会工作项目采购标准仍然以该细则为主要依据，其明确了广州市司法社会工作项目采购文件的资格部分、商务部分和技术部分的具体评分点，细化到评审分项内容和分值设置。市级或区级司法部门等采购方需参照细则设置项目采购文件，根据自身特定需求灵活设置购买需求的空间和余地较少，包括司法社工需求数量、服务资质。[②] 在不够符合各区域本身实际情况的需求和评分细则的设置下，不易于选拔出符合其区域内社区矫正社会工作服务精准需求的社工服务机构，并可能引发社工服务机构之间的恶性竞争。

采购服务周期短不利于社区矫正社会工作服务的深耕细作。目前政府采购社会工作服务（含司法社工服务）的服务期限多以一年为周期，过短的采购服务期限对于社会工作服务的持续深耕有诸多弊端。一方面，招投标工作对于服务机构方而言，重要程度属于首要优先级，且为赢得投标竞争，工作量大、人力投入多，一年一次的投标工作消耗社工队伍较多精力，与购买方对其尽可能将精力投放在实务工作方面的期待相违背；另一方面，短暂的服务期限迫使社工服务机构重点考虑当下服务执行问题，着

① 南方都市报．广州探索社会力量参与社区矫正新模式，推动社区矫正专业化［EB/OL］．（2021-11-30）［2024-02-03］．https：//new. qq. com/rain/a/20211130A039V900.

② 广州市司法局．广州市司法局关于对广州市政协十二届会议委员提案第 5030 号答复的函［EB/OL］．（2015-09-07）［2024-02-03］．http：//sfj. gz. gov. cn/gzssfj/ztlm/rddbjyhzxta/content/post_ 5548147. html.

眼于应对服务指标执行和一年内为期两次的评估，难以对服务进行系统的长期规划，缺乏对社区矫正服务研究、品牌提炼和打造的沉淀和思考。此外，司法社工服务项目的运营实践既是专业服务的输出平台，也是社工专业能力的培育平台，服务期限短的项目容易导致专业人才流失，无论是人才向社会工作行业外的流失，还是其转至其他社会工作服务领域发展，都不利于司法社工队伍专业实务能力的培育与提升。

采购服务经费标准较低不利于司法社工人才队伍的稳健发展。目前，广州市各区的社区矫正服务项目对社工的采购标准不一，除了南沙区的司法社工的服务经费为每人每年13万元，仅少数区域的司法社工采购经费在10万~12万元，绝大多数区域的社区矫正服务项目按照10万元购买经费标准执行，个别区域甚至低于10万元的采购标准。根据广州市人民政府办公厅于2018年6月17日印发的《广州市社工服务站（家庭综合服务中心）管理办法》和2023年4月7日印发实施的《广州市社工服务站管理办法》，规定购买社工服务项目原则上按每年12万元/名的标准配备社工，其他专项服务如困境儿童服务、禁毒社工服务专项采购项目分别为每年12万元/名、13万元/名社工的采购经费标准。可见，司法社工采购经费标准自2018年起就普遍低于行业内其他类型的社工，而购买方对社工的持证水平、服务能力和经验资质要求并不低于上述其他类比项目社工，广州司法社工在地域、行业内薪酬福利竞争力的总体低下，导致从业人员往往在工作了一段时间后选择离开，无论是新入职司法社工、初级司法社工还是骨干司法社工和管理层司法社工，均存在不小的流失率。

针对上述问题，建议加快对政府采购文件的更新和优化。一是对采购文件的资格性和符合性审查、采购需求、商务评分和技术评分四方面内容的设定具体程度有所区分，对资格性和符合性审查文件的“红线要求”或“一票否决内容”进行详细具体设定，原则性的准入细则需明确；对采购需求、商务评分和技术评分的内容则进行方向性引导，将具体采购需求、评分细则和对应内容、评审分项交由具体采购方结合自身区域社区矫正工作需求具体设定。二是适当延长采购服务期限，从一年期调整为三至五年期，采购服务期内采购合同一年一签，在服务年度内通过督导巡查、中末期评估等方式对承接服务机构的服务质量和服务成效进行过程监督管理。三是根据工作发展需要建立社区矫正经费动态增长机制，针对目前广州市社会工作行业内的社工服务的购买金额标准，提升司法社工采购标准，尽可能与禁毒社工采购标准（13 万元/人 · 年）持平，明确专职社工的最低薪酬标准，建立以基本工资和绩效奖金相结合的专职社工薪酬体系，并配套相应的工资晋级和增长机制，保障司法社工在本土社工行业内薪酬福利的竞争力。

二、司法社工队伍建设有待加强

广州市自 2006 年启动社区矫正试点工作，2009 年通过政府购买服务引入社会力量参与社区矫正工作，社区矫正社会工作随之得到了快速发展。截至 2022 年底，广州市司法社工总数已达到 365 名，其中具备社会学、心理学、法学等相关专业背景的人员以及社会工作师持证人员占比达 85%。但随着社会的发展，司法社工队伍建设也存在以下优化空间：专业培养力度还需增大，队伍的综合素质还需提升，以及社工人才的稳定性还需提高。

司法社工队伍专业培养力度还需增大。目前国内高校尚无社区矫正社会工作这一专业①，仅有社会工作和社区矫正专业。关于前者，全国有 307 所高校开设社会工作专业，以社会学、心理学、社会行政、社会政策、社会福利课程为主，还设有儿童、家庭、学校、企业等领域社会工作专业知识及具体工作方法的课程，其中仅有部分高校开设“社区矫正社会工作”课程（或名称为“矫治社会工作”），课程内容以通识性和引入性的知识

① 根据教育部下设“阳光高考”网站和“中国教育在线”网站数据显示。

普及居多；而关于社区矫正专业，目前我国仅有中央司法警官学院、山东政法学院、新疆政法学院、云南民族大学和上海政法学院5所院校开展了社区矫正专业本科教育，且课程主要研究刑法学、监狱学、社区矫正理论等相关内容，社会工作专业知识和具体工作方法等课程内容的占比有待提高。随着社会的发展变化，社区矫正对象牵涉问题的复杂度也不断提高，对司法社工在法律和社会工作跨学科的知识素养也提出了更高的要求，因此高校关于司法社工队伍专业培养力度还需增大，在专业设置、课程设计和教材的研发更新等方面都需要随时代发展需求优化。

司法社工队伍综合素质还需提升。目前，广州的司法社工队伍整体呈现跨学科专业知识结构弱、服务经验单薄和年轻化（社会阅历不足）的特征。关于司法社工的跨学科专业知识结构情况，截至2022年底，广州司法社工中具有社会学、心理学、法学等相关专业背景以及社会工作师持证的占比达85%，实现了较好的“专业广度覆盖”，但实际情况是大部分司法社工在从业时仅具备法学、社会工作和心理学某一学科的知识，而非同时具备其中二者甚至三者的专业知识，跨学科专业知识结构往往需要经历至少半年至一年的社区矫正社会工作实务周期，及通过社会工作者职业水平考试才能逐步健全完善。根据广州市司法矫治协会《2022年广州市社区矫正社会工作发展状况调研报告》数据，53.23%的司法社工从事社会工作不足2年，66.47%的司法社工从事社区矫正社会工作不足2年，司法社工的整体从业服务经验较为单薄；在司法队伍的年龄方面，以广州市番禺区、黄埔区和越秀区司法社会工作项目的81名全职司法社工为统计样本，其中25岁及以下年龄的司法社工为17人，占比20.98%；30岁及以下年龄的社工为50人，占比61.73%①，大多数司法社工为90后和00后，呈现年轻化特征，对社区矫正对象群体的犯罪动因认知和服务方案所需要的阅历沉淀有所缺失，存在思考问题片面、沟通技巧生硬、服务跟进方法单一等不

① 数据截至2023年11月30日，统计来源为普爱社会工作服务社。

足。综上，广州司法社工队伍在行业从业经验积累、跨学科的专业知识素养提升和社会阅历沉淀方面还需要加强，以提升整体司法社工队伍综合素质。

司法社工人才的稳定性还需提高。广州市从2009年开始试点社区矫正社会工作项目，但根据广州市司法矫治协会发布的《2022年广州市社区矫正社会工作发展状况调研报告》，66.47%的司法社工从事社区矫正社会工作不足2年，可见广州司法社工队伍稳定性不高。人才流失严重也是国内社区矫正社会工作发展普遍存在的问题。[①] 据离职原因统计、员工访谈得出，司法社工人才流失主要源自薪酬福利缺乏竞争力、职业价值感和归属感不强等原因。薪酬福利方面，目前大多数广州司法社工的购买标准为10万元/年（用于其本身的工资、社保公积金购买、补贴等的比例为80%，可理解为平均每人每年的税前薪资约8万元），广州市社会工作行业其他服务领域如社工站社工、禁毒社工和困境儿童服务社工的购买标准至少高于司法社工购买标准的20%。薪酬福利竞争力低下导致司法社工人才流入其他社会工作领域或者直接转行。此外，职业价值感不高也影响了司法社工的稳定性，在社区矫正工作中，司法行政系统工作人员和司法社工的工作职责在实际工作中存在模糊地带，司法社工常处于被动并陷于司法所行政工作，有悖其从业时对社会工作者职业发挥成效的期待，职业价值感逐渐低下。同时，在当前政府购买社区矫正服务背景下，司法社工的购买主体（市、区级司法局）、工作所在司法行政机关（市、区级司法局，镇街级司法所）、承接服务的社工机构和司法社工之间形成了多头管理和复杂的用工关系。司法社工由机构招聘录用、支付工资、提供福利待遇和缴纳社会保险、考核绩效，并派遣到购买方驻点工作，其工作的绩效评估、用工期的健康和安全责任因涉及多个组织而变得模糊，承担着更多的风险和

① 王萌．加快推动未成年人社区矫正社工人才队伍建设［EB/OL］．（2022-05-16）［2024-02-04］．https：//mp. weixin. qq. com/s/IC2iuUAyiH3 GAVKRvdXDRg.

职业的不稳定性[①]，成为司法社工离职的诱因之一。

针对上述问题提出以下建议：一是高校加大司法社工队伍人才的培养力度，设置社区矫正社会工作专业，在课程设计和教材的研发更新上应随时代发展需求优化，尤其要紧密联系国家的政策法规和国情，关注社区矫正社会工作的专业特性，不能照搬西方的通用社会工作教材，加强专业本土化、专精化培养；二是推动对在职司法社工跨学科的专业知识素养提升，以广州市司法局、广州市司法矫治协会建立的培训体系为依托，开展法律、社会工作、心理学相关专题培训，鼓励司法社工参与相关专业的在职继续教育；三是加快提升司法社工的政府购买标准，参考其他领域社会工作岗位购买标准，根据专业资质、学历和经验要求等制定司法社工购买标准，为未来社区矫正社会工作的发展留足空间；四是进一步明确司法社工的工作职责，明确其专业定位，凸显其专业价值，审视多头管理的利和弊，探寻合理科学的工作模式和管理方式，并通过评优评先、团建交流、培训共学活动增强司法社工队伍的凝聚力。

第三节　新时代广州社区矫正社会工作发展展望

党的二十大报告提出，必须坚定不移贯彻总体国家安全观，把维护国家安全贯穿党和国家工作各方面全过程，确保国家安全和社会稳定。面对新时代社区矫正工作的新形势、新任务，广州社区矫正社会工作的发展需把握三个要求：一是聚焦社会稳定保安全。在百年未有之大变局之下，社会稳定是根本，社区矫正社会工作必须抓住降低再犯率的立足点，社区矫正措施必须“刚柔并济”，着力于社区矫正对象的心理康复和行为改善，降低其再犯罪率，以维护社会安全和稳定，减少犯罪对社会的负面影响。

---

① 郑广怀，张政．社会工作机构何以向劳务公司转变：基于国家-社会关系的视角［J］．广东社会科学，2021（4）．

二是全力稳住就业基本盘。稳定的就业是社区矫正对象重新融入社会的核心正相关因素，社区矫正中的职业培训和技能提升项目有助于提高罪犯的就业能力，这需要司法社工对其就业的引导和支持工作做在前头，做成系统，协助其发掘自身一技之长，匹配用人需求。三是推动社会融合再发展。鼓励社区矫正对象融入社会对其而言不仅有助于他们重建自尊，树立自信，还能促进他们改善生活状态，摆脱犯罪阴影，这也是降低其再犯罪率的关键所在。

打铁还需自身硬，要达到党和国家、人民和社会对社区矫正工作成效的期待，社区矫正社会工作的专业发展亟须迈上新台阶，需完成从广度到深度、从规范到引领和从行动到研究的迭嬗。

从广度到深度。当前司法社工在广州的司法行政系统和社区矫正工作中基本实现了全区域覆盖，作为社会力量的司法社工介入社区矫正工作发挥作用的"广度"已经不容置疑，但是要追求社区矫正社会工作的高质量发展，应对司法社工（社会工作专业）介入和发挥成效的"深度"提出更高要求。一方面，这指向了司法社工（社会工作）在社区矫正工作中的话语权需要提高。社区矫正法强调了社会工作的作用，但需要注意的是社会工作尽管进入法律，但无法律条款确认社会工作的法定角色，即明确规定只有社会工作者才有权力执行某种社会功能。① 在司法行政系统对外招聘公务员的信息中，通过"法律职业资格考试"会作为录用标准或优先录用条件，而极少见到通过"社会工作师职业水平考试"这一提法；在司法社工开展社区矫正工作时，处于附庸和被指派角色不利于其高效调用资源，影响服务对象对其产生信服力，限制其专业发挥成效。另一方面，司法社工的综合素质和能力也必须和话语权"相互匹配"，才能避免"才不配位"的尴尬局面，背离从广度到深度这一追求的初衷。

---

① 何雪松．体系化、体制化与数字化：社会工作高质量发展的三个主题［J］．贵州社会科学，2023（7）：92-99.

从规范到引领。当前广州社区矫正社会工作的实施已有司法社会工作项目体系建设实施方案、项目购买服务实施细则和项目评估办法等规范性文件，为广州社区矫正社会工作的发展提供了规范指引。在此基础上，还应通过标准化建设为社区矫正社会工作服务、管理和评价提供重要技术支撑，成为增强社会工作专业性、科学性和可操作性的重要工具。2021 年中共中央和国务院印发的《国家标准化发展纲要》也提出应重点健全和推广社会工作领域技术标准，指明了社会工作标准化的发展方向，强调社会工作在推进基本公共服务标准化建设中的作用。当前，民政部已联合有关部门推动发布了《青少年社会工作服务指南》等国家标准和《儿童社会工作服务指南》《社会工作服务项目绩效评估指南》《老年社会工作服务指南》《社区社会工作服务指南》等多项行业标准。各地有关部门也积极推进其领域社会工作服务的标准化建设，结合乡镇（街道）社工站建设，司法、医务等各领域，社会工作服务评估、项目计划、人员管理等各流程，社会工作服务购买、管理规范和教育培训等各环节，发布了多项地方标准。基于广州铺开社区矫正社会工作的服务规模、较为丰富的样本数据和 10 余年的实务服务经验，广州市社区矫正社会工作服务标准的制定出台将对广东省和华南地区甚至对我国本土社区矫正社会工作的发展都具有重要意义。

从行动到研究。从微观层面而言，广州社区矫正社会工作，其实践既是问题创造性解决的过程，也应是实践性知识形成的过程。马克思主义学说提出的“从实践中来，到实践中去”意味着理论、知识和实践紧密结合，才能真正解决各种问题，因此从行动到研究说的“研究”并非悬在空中的理论研究，而是能指导具体社区矫正社会工作实践的各类“实践性知识”。这类实践性知识的具体含义是通过反思和提炼自身专业实践所形成的认识，包括专业信念、自我知识、人际关系知识、情境知识、策略性知识以及批判反思知识。[①] 只有在实践中才能探索出社会工作如何介入才最

---

① 古学斌，霍小玲．行动研究的重要精神和特质［J］．社会工作，2022（2）．

适合广州本土社区矫正社会工作的发展，这也将影响着如何去构建广州本土社区矫正社会工作知识体系。对广州司法社工提出了较高要求：既要有社会工作专业的理解和认知，也要有对社会工作的价值认同和伦理认同，更要怀抱使命感，进而在实务工作过程中钻研、提炼实践性知识[①]，也是本书编撰的初衷。从宏观层面而言，作为舶来品的社会工作在本土社会工作理论与实践的结合十分欠缺，要立足“本土实践”，深入“本土情境”，提炼“本土话语”[②]，是中国式现代化新发展阶段社会工作的任务与挑战[③]，需要社会工作从业人员在研究总结中国式现代化社会工作实践发展的鲜活经验上孜孜不倦，为建构具有中国特色的社区矫正社会工作服务和理论体系贡献智慧和力量。

---

① 何雪松．体系化、体制化与数字化：社会工作高质量发展的三个主题［J］．贵州社会科学，2023（7）：92-99.

② 文军．挑战与回应：发展的不确定性与社会工作学科体系建设［J］．社会工作，2023（6）：5-8+97-98.

③ 马凤芝．中国式现代化新发展阶段社会工作的任务与挑战［J］．社会工作，2023（6）：1-4+97.

参考文献

［1］郭伟和，梁愉冰．社会管理创新的基层探索：来自北京市大兴区社区矫正的专业化实验研究［J］．国家行政学院学报，2013（2）：91-95.

［2］王思斌，阮曾媛琪．和谐社会建设背景下中国社会工作的发展［J］．中国社会科学，2009（5）：128-140+207.

［3］王钰，王平，杨诚．中加社区矫正概览［M］．北京：法律出版社，2008.

［4］李沃生，林春媚．广州市社区矫正试点工作的主要经验［J］．法治论坛，2008（4）：1-10.

［5］张凯．中国大陆地区社区矫正制度研究［D］．重庆：西南政法大学，2018.

［6］李旭．论社区矫正制度在我国的发展与完善［D］．青岛：中国海洋大学，2011.

［7］陈春安．社区矫正专业方法应用指南［M］．北京：法律出版社，2012.

［8］广州市人民政府办公厅．广州市人民政府办公厅关于印发广州市社工服务站管理办法的通知［EB/OL］．（2023-04-17）［2024-01-17］．https：//www. gz. gov. cn/zwgk/fggw/wyzzc/content/post_ 8924877. html.

［9］广州市番禺区司法局．关于加强社区矫正工作的建议［EB/OL］.（2014-10-10）［2024-01-17］. http：//www. panyu. gov. cn/zwgk/yajytacl/2014n/2014nta/content/post_ 6462671. html.

［10］广州市民政局慈善社工处，广州市司法局社区矫正执法处．撑起法网“柔情”：司法社会工作的广州探索［J］．中国社会工作，2019（16）：34-35.

［11］社工中国．首届穗港澳社区矫正社会工作研讨会广州召开［EB/OL］．（2017-12-01）［2024-01-19］. http：//trade. swchina. org/trends/2017/1201/30384. shtml.

［12］B. J. 福格．福格行为模型［M］．天津：天津科学技术出版社，2021.

［13］刘淑娟．浅析社会工作伦理价值在社区矫正中的运用［J］．社会工作下半月（理论），2008（4）：25-27.

［14］广州市司法局．黄埔区司法局“金不换”志愿服务队助力社区矫正对象融入社会［EB/OL］．（2023-10-23）［2024-01-19］. http：//sfj. gz. gov. cn/xxgk/xxgkml/gzdt/jcdt/content/post_ 9276782. html.

［15］广州市司法局．广州市社区矫正工作会议召开：多个方面工作保持全省第一、全国领先［EB/OL］.（2023-06-30）［2024-01-19］. http：//sfj. gz. gov. cn/ztlm/zzfu/sfyw/content/post_ 9082464. html.

［16］广州市司法局. 2022 年全市司法行政工作总结［EB/OL］．（2023-06-16）［2024-01-19］. https：//www. gz. gov. cn/zwgk/zjgb/bmgzzj/2022n/content/mpost_ 9055778. html.

［17］陈士涵．人格改造论（下卷）［M］．上海：学林出版社，2001.

［18］李威．论社区矫正的价值诉求［J］．辽宁公安司法管理干部学院学报，2006（4）：11-14.

［19］WEMMERS，JO-ANNE M，CYR K. Can mediation be therapeutic for crime victims? An evaluation of victims' experiences in mediation with young offenders [J]. Canadian journal of criminology and criminal justice, 2005, 47 (3): 579-580.

[20] 刘念. 惩罚还是福利? 从复健到复合的社区矫正模式 [J]. 广州社会工作评论, 2016 (2): 153-165.

[21] 王平. 恢复性司法论坛 (2007 年卷) [M]. 北京: 中国检察出版社, 2007.

[22] 张苏军. 循证矫正在中国的实践探索: 以山东省任城监狱的暴力犯矫正为例 [M]. 北京: 法律出版社, 2016.

[23] ANDREWS D A, ZINGER, I, HOGE, R D, et al. Does correctional treatment work? A clinically relevant and psychologically informed meta-analysis [J]. Criminology, 1990, 28 (3): 369-404.

[24] 肖玉琴, 杨波. 循证矫正的理论基础: RNR 模型解读 [J]. 犯罪与改造研究, 2014 (3): 14-18.

[25] 袁登明. 行刑社会化研究 [M]. 北京: 中国人民大学出版社, 2005.

[26] 埃里克·J·沃达尔, 布雷特·加兰德. 社区矫正的演变: 监狱的影响 [J]. 监狱期刊, 2009 (89): 12-20.

[27] 广州市司法局. 广州市司法社会工作项目体系建设实施方案 (穗司发〔2015〕17 号) [EB/OL]. (2015-01-19) [2024-01-23]. https: //sfj. gz. gov. cn/gzssfj/ztlm/rddbjyhzxta/content/post_ 5548166. html.

[28] 广州市番禺区普爱社会工作服务社. 番禺区司法社工项目服务指引 [EB]. 2022.

[29] 广州市司法局. 广州市司法局关于印发广州市司法社会工作服务项目评估办法的通知 [EB/OL]. (2021-03-19) [2024-01-24]. https: //www. gz. gov. cn/gfxwj/sbmgfxwj/gzssfj/content/mpost_ 7155305. html.

［30］王思斌．试论我国社会工作的本土化［J］．浙江学刊，2001（2）：55-60.

［31］人民资讯．“学习进行时”社会主义核心价值观［EB/OL］．（2021-11-30）［2024-01-24］．https：//baijiahao. baidu. com/s？id=1717817976780696818&wfr=spider&for=pc.

［32］北青网．在司法工作中融入社会主义核心价值观的实践路径［EB/OL］．（2023-02-23）［2024-01-27］．https：//baijiahao. baidu. com/s？id=1758575110458459651&wfr=spider&for=pc.

［33］朱锋．总体国家安全观下如何统筹发展和安全［J］．人民论坛·学术前沿，2023（20）：5-12.

［34］刘政．试论总体国家安全观主导下的社区矫正刑罚功能体系建构［J］．广西政法管理干部学院学报，2019，34（4）：10-14.

［35］高质量建设粤港澳大湾区（奋进新征程　建功新时代·伟大变革）［EB/OL］．（2022-05-26）［2024-01-29］．https：//www. moj. gov. cn/pub/sfbgw/zwgkztzl/2022zt/20220311fjxzc/20220311fjxzc_ wdbg/202205/t20220526_ 455858. html.

［36］广州市司法局．交流合作　共谋发展：第二届穗港澳社区矫正社会工作研讨会成功召开［EB/OL］．（2019-04-02）［2024-01-29］．https：//www. gz. gov. cn/xw/zwlb/bmdt/ssfj/content/post_ 5515297. html.

［37］完善社会治理体系（认真学习宣传贯彻党的二十大精神）［EB/OL］．（2023-01-11）［2024-01-29］．http：//theory. people. com. cn/n1/2023/0111/c40531-32604033. html.

［38］广州市司法局，广州市财政局，广州市民政局．广州市司法社会工作项目购买服务实施细则（穗司发〔2015〕92号）［EB/OL］．（2015-08-04）［2024-02-01］．http：//www. bdxsw. org. cn/a/xingyezixun/20160531/513. html.

［39］储华林．社区矫正社会工作的实践困境与路径优化［J］．西安建筑科技大学学报（社会科学版），2022，41（3）：62-67.

［40］广州社区矫正“一高一低”的数据背后：打造全国领先“智慧矫正”新模式［EB/OL］．（2023-12-12）［2024-02-03］．https：//www. gz. gov. cn/zwgk/fzzfjs/cxld/content/mpost_ 9378254. html.

［41］广州市人民代表大会常务委员会．广州市平安建设条例［EB/OL］．（2021-12-16）［2024-02-03］．https：//flk. npc. gov. cn/detail2. html?ZmY4MDgxODE3ZThmOWI4MDAxN2U5NTUzMmMyMDMzZTA.

［42］岳经纶，王燊成．社会服务管理中的管理主义与专业主义张力：基于政府购买社会服务的分析［J］．行政论坛，2018，25（1）：34-42.

［43］郑广怀，张政．社会工作机构何以向劳务公司转变：基于国家-社会关系的视角［J］．广东社会科学，2021（4）：194-210.

［44］广州探索社会力量参与社区矫正新模式，推动社区矫正专业化［EB/OL］．（2021-11-30）［2024-02-03］．https：//new. qq. com/rain/a/20211130A039V900.

［45］广州市司法局．广州市司法局关于对广州市政协十二届会议委员提案第 5030 号答复的函［EB/OL］．（2015-09-07）［2024-02-03］．http：//sfj. gz. gov. cn/gzssfj/ztlm/rddbjyhzxta/content/post_ 5548147. html.

［46］王萌．加快推动未成年人社区矫正社工人才队伍建设［EB/OL］．（2022-05-16）［2024-02-04］．https：//mp. weixin. qq. com/s/IC2iuUAyiH3GAVKRvdXDRg.

［47］黄思翰．社区矫正工作者队伍建设研究［J］．就业与保障，2020（13）：130-132.

［48］何雪松．体系化、体制化与数字化：社会工作高质量发展的三个主题［J］．贵州社会科学，2023（7）：92-99.

［49］古学斌，霍小玲．行动研究的重要精神和特质［J］．社会工作，

2022（2）：25-31.

［50］向荣．从服务学习到行动研究：本土社会工作知识建构的路径探索［EB/OL］．（2021-11-29）［2024-02-06］．https：//mp. weixin. qq. com/s/LQo2XmK3WnxZtX09YI_ wqw.

［51］文军．挑战与回应：发展的不确定性与社会工作学科体系建设［J］．社会工作，2023（6）：97-98.

［52］马凤芝．中国式现代化新发展阶段社会工作的任务与挑战［J］．社会工作，2023（6）：1-4.

部分社区矫正社会工作相关法律及规范性文件摘录

社区矫正社会工作相关法律法规及规范性文件是确保社区矫正工作有序规范进行的保障。2019 年 12 月 28 日，第十三届全国人民代表大会常务委员会第十五次会议通过了《中华人民共和国社区矫正法》（以下简称社区矫正法），于 2020 年 7 月 1 日起实施。社区矫正法的正式实施，全面开启了社区矫正工作的新局面，也为社会工作参与社区矫正工作的定位、参与形式、服务内容等提供了法理依据。此后，各地也陆续出台实施符合自身社区矫正工作和社区矫正社会工作发展实际的规范性文件。为此，本书附件对社区矫正法等国家层面法律及规范性文件，以及广东省、广州市相关政府部门制定的社区矫正工作和社区矫正社会工作相关的规范性文件进行摘录，如有疏漏缺失，还望读者海涵。

法律及规范性文件	摘录条款	内容
《中华人民共和国社区矫正法》 实施日期：2020 年 7 月 1 日	第三条	社区矫正工作坚持监督管理与教育帮扶相结合，专门机关与社会力量相结合，采取分类管理、个别化矫正，有针对性地消除社区矫正对象可能重新犯罪的因素，帮助其成为守法公民
	第四条	社区矫正对象应当依法接受社区矫正，服从监督管理 社区矫正工作应当依法进行，尊重和保障人权。社区矫正对象依法享有的人身权利、财产权利和其他权利不受侵犯，在就业、就学和享受社会保障等方面不受歧视

续表

法律及规范性文件	摘录条款	内容
《中华人民共和国社区矫正法》 实施日期：2020 年 7 月 1 日	第十一条	社区矫正机构根据需要，组织具有法律、教育、心理、社会工作等专业知识或者实践经验的社会工作者开展社区矫正相关工作
	第十三条	国家鼓励、支持企业事业单位、社会组织、志愿者等社会力量依法参与社区矫正工作
	第十五条	社区矫正机构工作人员和其他参与社区矫正工作的人员依法开展社区矫正工作，受法律保护
	第十八条	社区矫正决定机关根据需要，可以委托社区矫正机构或者有关社会组织对被告人或者罪犯的社会危险性和对所居住社区的影响，进行调查评估，提出意见，供决定社区矫正时参考。居民委员会、村民委员会等组织应当提供必要的协助
	第二十四条	社区矫正机构应当根据裁判内容和社区矫正对象的性别、年龄、心理特点、健康状况、犯罪原因、犯罪类型、犯罪情节、悔罪表现等情况，制定有针对性的矫正方案，实现分类管理、个别化矫正。矫正方案应当根据社区矫正对象的表现等情况相应调整
	第二十五条	社区矫正机构应当根据社区矫正对象的情况，为其确定矫正小组，负责落实相应的矫正方案 根据需要，矫正小组可以由司法所、居民委员会、村民委员会的人员，社区矫正对象的监护人、家庭成员，所在单位或者就读学校的人员以及社会工作者、志愿者等组成。社区矫正对象为女性的，矫正小组中应有女性成员
	第三十四条	开展社区矫正工作，应当保障社区矫正对象的合法权益。社区矫正的措施和方法应当避免对社区矫正对象的正常工作和生活造成不必要的影响；非依法律规定，不得限制或者变相限制社区矫正对象的人身自由 社区矫正对象认为其合法权益受到侵害的，有权向人民检察院或者有关机关申诉、控告和检举。受理机关应当及时办理，并将办理结果告知申诉人、控告人和检举人

续表

法律及规范性文件	摘录条款	内容
《中华人民共和国社区矫正法》 实施日期：2020 年 7 月 1 日	第三十五条	县级以上地方人民政府及其有关部门应当通过多种形式为教育帮扶社区矫正对象提供必要的场所和条件，组织动员社会力量参与教育帮扶工作 有关人民团体应当依法协助社区矫正机构做好教育帮扶工作
	第三十六条	社区矫正机构根据需要，对社区矫正对象进行法治、道德等教育，增强其法治观念，提高其道德素质和悔罪意识 对社区矫正对象的教育应当根据其个体特征、日常表现等实际情况，充分考虑其工作和生活情况，因人施教
	第三十七条	社区矫正机构可以协调有关部门和单位，依法对就业困难的社区矫正对象开展职业技能培训、就业指导，帮助社区矫正对象中的在校学生完成学业
	第三十八条	居民委员会、村民委员会可以引导志愿者和社区群众，利用社区资源，采取多种形式，对有特殊困难的社区矫正对象进行必要的教育帮扶
	第四十条	社区矫正机构可以通过公开择优购买社区矫正社会工作服务或者其他社会服务，为社区矫正对象在教育、心理辅导、职业技能培训、社会关系改善等方面提供必要的帮扶 社区矫正机构也可以通过项目委托社会组织等方式开展上述帮扶活动。国家鼓励有经验和资源的社会组织跨地区开展帮扶交流和示范活动
	第四十一条	国家鼓励企业事业单位、社会组织为社区矫正对象提供就业岗位和职业技能培训。招用符合条件的社区矫正对象的企业，按照规定享受国家优惠政策
	第四十二条	社区矫正机构可以根据社区矫正对象的个人特长，组织其参加公益活动，修复社会关系，培养社会责任感
	第五十二条	社区矫正机构应当根据未成年社区矫正对象的年龄、心理特点、发育需要、成长经历、犯罪原因、家庭监护教育条件等情况，采取针对性的矫正措施 社区矫正机构为未成年社区矫正对象确定矫正小组，应当吸收熟悉未成年人身心特点的人员参加 对未成年人的社区矫正，应当与成年人分别进行

续表

法律及规范性文件	摘录条款	内容
《中华人民共和国社区矫正法》 实施日期：2020年7月1日	第五十四条	社区矫正机构工作人员和其他依法参与社区矫正工作的人员对履行职责过程中获得的未成年人身份信息应当予以保密 除司法机关办案需要或者有关单位根据国家规定查询外，未成年社区矫正对象的档案信息不得提供给任何单位或者个人。依法进行查询的单位，应当对获得的信息予以保密
	第五十五条	对未完成义务教育的未成年社区矫正对象，社区矫正机构应当通知并配合教育部门为其完成义务教育提供条件。未成年社区矫正对象的监护人应当依法保证其按时入学接受并完成义务教育 年满十六周岁的社区矫正对象有就业意愿的，社区矫正机构可以协调有关部门和单位为其提供职业技能培训，给予就业指导和帮助
	第五十六条	共产主义青年团、妇女联合会、未成年人保护组织应当依法协助社区矫正机构做好未成年人社区矫正工作 国家鼓励其他未成年人相关社会组织参与未成年人社区矫正工作，依法给予政策支持
《中华人民共和国社区矫正法实施办法》 实施日期：2020年7月1日	第二条	社区矫正工作坚持党的绝对领导，实行党委政府统一领导、司法行政机关组织实施、相关部门密切配合、社会力量广泛参与、检察机关法律监督的领导体制和工作机制
	第四条	司法行政机关依法履行以下职责： （一）主管本行政区域内社区矫正工作； （二）对本行政区域内设置和撤销社区矫正机构提出意见； （三）拟定社区矫正工作发展规划和管理制度，监督检查社区矫正法律法规和政策的执行情况； （四）推动社会力量参与社区矫正工作； （五）指导支持社区矫正机构提高信息化水平； （六）对在社区矫正工作中作出突出贡献的组织、个人，按照国家有关规定给予表彰、奖励； （七）协调推进高素质社区矫正工作队伍建设； （八）其他依法应当履行的职责

续表

法律及规范性文件	摘录条款	内容
《中华人民共和国社区矫正法实施办法》 实施日期：2020年7月1日	第十三条	社区矫正决定机关对拟适用社区矫正的被告人、罪犯，需要调查其社会危险性和对所居住社区影响的，可以委托拟确定为执行地的社区矫正机构或者有关社会组织进行调查评估。社区矫正机构或者有关社会组织收到委托文书后应当及时通知执行地县级人民检察院
	第十四条	社区矫正机构、有关社会组织接受委托后，应当对被告人或者罪犯的居所情况、家庭和社会关系、犯罪行为的后果和影响、居住地村（居）民委员会和被害人意见、拟禁止的事项、社会危险性、对所居住社区的影响等情况进行调查了解，形成调查评估意见，与相关材料一起提交委托机关。调查评估时，相关单位、部门、村（居）民委员会等组织、个人应当依法为调查评估提供必要的协助 社区矫正机构、有关社会组织应当自收到调查评估委托函及所附材料之日起十个工作日内完成调查评估，提交评估意见。对于适用刑事案件速裁程序的，应当在五个工作日内完成调查评估，提交评估意见。评估意见同时抄送执行地县级人民检察院。需要延长调查评估时限的，社区矫正机构、有关社会组织应当与委托机关协商，并在协商确定的期限内完成调查评估。因被告人或者罪犯的姓名、居住地不真实、身份不明等原因，社区矫正机构、有关社会组织无法进行调查评估的，应当及时向委托机关说明情况。社区矫正决定机关对调查评估意见的采信情况，应当在相关法律文书中说明 对调查评估意见以及调查中涉及的国家秘密、商业秘密、个人隐私等信息，应当保密，不得泄露
	第十九条	执行地县级社区矫正机构、受委托的司法所应当为社区矫正对象确定矫正小组，与矫正小组签订矫正责任书，明确矫正小组成员的责任和义务，负责落实矫正方案 矫正小组主要开展下列工作： （一）按照矫正方案，开展个案矫正工作； （二）督促社区矫正对象遵纪守法，遵守社区矫正规定； （三）参与对社区矫正对象的考核评议和教育活动； （四）对社区矫正对象走访谈话，了解其思想、工作和生活情况，及时向社区矫正机构或者司法所报告； （五）协助对社区矫正对象进行监督管理和教育帮扶； （六）协助社区矫正机构或者司法所开展其他工作

续表

<table>
<tr><th>法律及规范性文件</th><th>摘录条款</th><th>内容</th></tr>
<tr><td rowspan="3">《中华人民共和国社区矫正法实施办法》
实施日期：2020年7月1日</td><td>第二十一条</td><td>社区矫正机构应当根据社区矫正对象被判处管制、宣告缓刑、假释和暂予监外执行的不同裁判内容和犯罪类型、矫正阶段、再犯罪风险等情况，进行综合评估，划分不同类别，实施分类管理
社区矫正机构应当把社区矫正对象的考核结果和奖惩情况作为分类管理的依据
社区矫正机构对不同类别的社区矫正对象，在矫正措施和方法上应当有所区别，有针对性地开展监督管理和教育帮扶工作</td></tr>
<tr><td>第二十二条</td><td>执行地县级社区矫正机构、受委托的司法所要根据社区矫正对象的性别、年龄、心理特点、健康状况、犯罪原因、悔罪表现等具体情况，制定矫正方案，有针对性地消除社区矫正对象可能重新犯罪的因素，帮助其成为守法公民
矫正方案应当包括社区矫正对象基本情况、对社区矫正对象的综合评估结果、对社区矫正对象的心理状态和其他特殊情况的分析、拟采取的监督教育帮扶措施等内容
矫正方案应当根据分类管理的要求、实施效果以及社区矫正对象的表现等情况，相应调整</td></tr>
<tr><td>第二十四条</td><td>社区矫正对象应当按照有关规定和社区矫正机构的要求，定期报告遵纪守法、接受监督管理、参加教育学习、公益活动和社会活动等情况。发生居所变化、工作变动、家庭重大变故以及接触对其矫正可能产生不利影响人员等情况时，应当及时报告。被宣告禁止令的社区矫正对象应当定期报告遵守禁止令的情况
暂予监外执行的社区矫正对象应当每个月报告本人身体情况。保外就医的，应当到省级人民政府指定的医院检查，每三个月向执行地县级社区矫正机构、受委托的司法所提交病情复查情况。执行地县级社区矫正机构根据社区矫正对象的病情及保证人等情况，可以调整报告身体情况和提交复查情况的期限。延长一个月至三个月以下的，报上一级社区矫正机构批准；延长三个月以上的，层报省级社区矫正机构批准。批准延长的，执行地县级社区矫正机构应当及时通报同级人民检察院
社区矫正机构根据工作需要，可以协调对暂予监外执行的社区矫正对象进行病情诊断、妊娠检查或者生活不能自理的鉴别</td></tr>
</table>

续表

法律及规范性文件	摘录条款	内容
《中华人民共和国社区矫正法实施办法》 实施日期：2020 年 7 月 1 日	第四十三条	社区矫正机构、受委托的司法所应当充分利用地方人民政府及其有关部门提供的教育帮扶场所和有关条件，按照因人施教的原则，有针对性地对社区矫正对象开展教育矫正活动 社区矫正机构、司法所应当根据社区矫正对象的矫正阶段、犯罪类型、现实表现等实际情况，对其实施分类教育；应当结合社区矫正对象的个体特征、日常表现等具体情况，进行个别教育 社区矫正机构、司法所根据需要可以采用集中教育、网上培训、实地参观等多种形式开展集体教育；组织社区矫正对象参加法治、道德等方面的教育活动；根据社区矫正对象的心理健康状况，对其开展心理健康教育、实施心理辅导 社区矫正机构、司法所可以通过公开择优购买服务或者委托社会组织执行项目等方式，对社区矫正对象开展教育活动
	第四十四条	执行地县级社区矫正机构、受委托的司法所按照符合社会公共利益的原则，可以根据社区矫正对象的劳动能力、健康状况等情况，组织社区矫正对象参加公益活动
	第四十五条	执行地县级社区矫正机构、受委托的司法所依法协调有关部门和单位，根据职责分工，对遇到暂时生活困难的社区矫正对象提供临时救助；对就业困难的社区矫正对象提供职业技能培训和就业指导；帮助符合条件的社区矫正对象落实社会保障措施；协助在就学、法律援助等方面遇到困难的社区矫正对象解决问题
	第五十五条	社区矫正机构、受委托的司法所应当根据未成年社区矫正对象的年龄、心理特点、发育需要、成长经历、犯罪原因、家庭监护教育条件等情况，制定适应未成年人特点的矫正方案，采取有益于其身心健康发展、融入正常社会生活的矫正措施 社区矫正机构、司法所对未成年社区矫正对象的相关信息应当保密。对未成年社区矫正对象的考核奖惩和宣告不公开进行。对未成年社区矫正对象进行宣告或者处罚时，应通知其监护人到场 社区矫正机构、司法所应当选任熟悉未成年人身心特点，具有法律、教育、心理等专业知识的人员负责未成年人社区矫正工作，并通过加强培训、管理，提高专业化水平

续表

法律及规范性文件	摘录条款	内容
《广东省社区矫正实施细则》 实施日期：2021 年 8 月 30 日	第二条	社区矫正工作坚持党的绝对领导，实行党委政府统一领导、司法行政机关组织实施、相关部门密切配合、社会力量广泛参与、检察机关法律监督的领导体制和工作机制
	第四条	人民法院、人民检察院、公安机关、司法行政机关和其他有关单位、社会组织依照法律法规等相关规定，各司其职、各负其责、加强协调、密切配合，保证国家刑事法律的正确执行，保障社区矫正工作有序开展
	第五条	社区矫正决定机关是指依法判处管制、宣告缓刑、裁定假释、决定暂予监外执行的人民法院和依法批准暂予监外执行的监狱管理机关、公安机关 社区矫正机构是指县级以上地方人民政府依法设置的，负责对判处管制、宣告缓刑、裁定假释、决定或者批准暂予监外执行的罪犯具体实施社区矫正的执行机关 社区矫正对象是指被判处管制、宣告缓刑、假释和暂予监外执行的罪犯 社区矫正工作人员包括社区矫正机构工作人员、受委托司法所参与社区矫正工作人员、参与社区矫正工作的监狱和戒毒人民警察、社区矫正专职社会工作者以及社区矫正志愿者
	第六条	社区矫正机构的设置和撤销，由县级以上地方人民政府司法行政机关提出意见，报机构编制部门审批 社区矫正机构应当配备具有法律等专业知识的专门国家工作人员，履行监督管理、教育帮扶等职责 社区矫正专职社会工作者由具有法律、教育、心理、社会工作等专业知识或者实践经验的人员担任，承担联系沟通社区矫正对象、开展教育矫正帮扶等专业化工作 社区矫正志愿者由具有一定专业技能，自愿为社区矫正工作开展提供无偿服务的人员担任，协助开展社区矫正工作

续表

法律及规范性文件	摘录条款	内容
《广东省社区矫正实施细则》 实施日期：2021 年 8 月 30 日	第九条	社区矫正决定机关对拟适用社区矫正的被告人、罪犯，需要调查其社会危险性和对所居住社区影响的，可以委托拟确定为执行地的社区矫正机构或者有关社会组织进行调查评估。社区矫正机构或者有关社会组织收到委托文书后应当在三个工作日内通知当地县级人民检察院 社区矫正决定机关委托调查评估时，应当向拟确定为执行地县级社区矫正机构或者有关社会组织发出委托调查评估函，委托调查评估函应当注明被告人、罪犯的户籍所在地、经常居住地、本人或者家属联系方式、案由以及委托机关的联系人和联系方式，并附下列材料： （一）人民法院委托的，应当附带起诉书或者判决书副本； （二）公安机关、监狱管理机关、监狱委托的，应当附带原判刑事判决书、历次减刑裁定书以及罪犯在服刑期间的表现情况； （三）拟决定或批准对被告人、罪犯暂予监外执行的，社区矫正决定机关应当将病情诊断、医学鉴定、检查证明文件、生活不能自理鉴别意见，以及保证人证明材料等一并送达。被告人、罪犯属于病危的，社区矫正决定机关还应当送达医院病危通知书； （四）被害人与拟适用社矫对象在同一社区生活的，应当同时提供被害人的联系方式。监狱委托调查评估时，如果有被害人具体联系方式的，应当提供被害人的联系方式
	第十二条	调查评估时，司法所应当配合社区矫正机构依法开展调查并向社区矫正机构及时反馈情况；有关单位（部门）和村（居）民委员会等组织、个人应当依法为调查评估提供必要协助。因犯罪嫌疑人、被告人或者罪犯的姓名、居住地不真实、身份不明等原因，社区矫正机构、有关社会组织无法进行调查评估的，应当及时向委托机关说明情况。被告人或者罪犯故意提供虚假信息的，社区矫正决定机关应当慎重适用社区矫正 调查评估工作人员应当不少于二人，可以安排延伸管教监狱（戒毒）警察和社区矫正社会工作者、社会志愿者参与调查评估。社区矫正机构认为有必要时可以商请当地派出所人民警察共同开展调查评估。调查评估工作人员与犯罪嫌疑人、被告人或者罪犯有亲属关系、利害关系及其他关系，可能影响调查结果真实性、公正性的，应当回避 社区矫正工作人员调查评估时，应当出示工作证件和调查评估证明文件。调查评估应当现场制作调查评估笔录，经被调查人核实无误后签字确认。被调查人拒绝签字的，应当在笔录中注明情况，必要时可以进行录音、录像。单位提供的材料应当加盖公章确认

续表

法律及规范性文件	摘录条款	内容
《广东省社区矫正实施细则》 实施日期：2021 年 8 月 30 日	第十三条	县级社区矫正机构、有关社会组织应当自收到调查评估委托函及所附材料之日起十个工作日内完成调查评估，提交评估意见。对于适用刑事案件速裁程序的，应当在五个工作日内完成调查评估，提交评估意见。对拟暂予监外执行罪犯病危的，应当在三个工作日内完成调查评估，评估意见同时抄送执行地县级人民检察院。需要延长调查评估时限的，社区矫正机构、有关社会组织应当与委托机关协商，并在协商确定的期限内完成调查评估
	第十四条	县级社区矫正机构应当对委托调查函登记备案，及时开展调查。犯罪嫌疑人、被告人或者罪犯的监护人、家庭成员或者所在单位、就读学校配合社区矫正的书面承诺，可以作为调查评估意见书的附件 接受委托的社区矫正机构、社会组织根据调查评估情况，提出犯罪嫌疑人、被告人或者罪犯是否存在社会危险性以及对所居住社区影响的调查评估意见，并将调查评估意见书与相关材料一并提交委托机关
	第十六条	侦查机关、人民检察院依据有关法律法规和规范性文件，可以委托社区矫正机构或者有关社会组织进行调查评估
	第二十三条	执行地县级社区矫正机构或者受委托的司法所应当在接收社区矫正对象三个工作日内为社区矫正对象确定矫正小组，与矫正小组签订矫正责任书，明确矫正小组成员的责任和义务，负责落实矫正方案。矫正小组应当由三人以上组成，组长由专门国家工作人员担任，主要负责组织实施矫正方案，适时调整方案，督促矫正小组成员落实矫正方案 村（居）民委员会应当指定一名成员参加矫正小组工作，主要负责掌握社区矫正对象在社区内的日常表现，协助开展监督管理和教育帮扶工作 社区矫正机构或者受委托的司法所根据需要，可以指定社区矫正对象的家庭成员或者邀请社区民警、社区矫正对象所在单位、就读学校的工作人员、社区矫正社会工作者、社会志愿者参加矫正小组工作。社区矫正对象为女性的，矫正小组中应有女性成员。社区矫正对象为未成年人的，社区矫正对象的监护人应当参加矫正小组工作，社区矫正机构或者受委托的司法所可以邀请熟悉未成年社区矫正对象身心特点的人员参加矫正小组工作。社区矫正对象为暂予监外执行的，暂予监外执行保证人应当参加矫正小组工作

续表

法律及规范性文件	摘录条款	内容
《广东省社区矫正实施细则》 实施日期：2021 年 8 月 30 日	第二十五条	社区矫正机构或者受委托的司法所应当根据社区矫正对象的裁判内容和犯罪原因、犯罪类型、危害程度、悔罪表现、健康状况、心理状态、矫正阶段、再犯罪风险、家庭及社会关系等情况，进行综合分析和风险评估，制定有针对性的矫正方案，实现分类管理、个别化矫正 矫正方案应当在社区矫正对象入矫宣告后十个工作日内制定完成，内容至少包括社区矫正对象基本情况、对社区矫正对象的综合评估结果、对社区矫正对象的心理状态和其他特殊情况的分析、拟采取的监管教育帮扶措施等，经矫正小组全体成员签名确认，由受委托的司法所或者社区矫正机构审定 矫正方案应当根据个别化、分类管理、不同矫正阶段和实施效果，以及社区矫正对象的现实表现等情况，相应调整
	第二十七条	社区矫正对象应当按照社区矫正机构或者受委托的司法所要求，定期报告遵纪守法、接受监督管理、参加教育学习和公益活动等情况。被判处禁止令的应当定期报告遵守禁止令的情况 执行地社区矫正机构或者受委托的司法所应当将报告的时间、形式、内容记入社区矫正工作台账。社区矫正对象因患有严重疾病或者生活不能自理等特殊原因，确无法履行报告义务的，经执行地县级社区矫正机构批准，可由社区矫正对象家属或者保证人代为报告 第四十七条社区矫正机构、受委托的司法所应当充分利用地方人民政府及其有关部门提供的教育帮扶场所和有关条件，按照因人施教的原则，有针对性地对社区矫正对象开展教育活动 社区矫正机构可以协调有关人民团体，或者通过公开择优购买服务、委托社会组织执行项目等方式，对社区矫正对象开展教育活动

续表

法律及规范性文件	摘录条款	内容
《广东省社区矫正实施细则》 实施日期：2021 年 8 月 30 日	第四十八条	社区矫正机构、受委托的司法所应当根据社区矫正对象的实际情况，实施分阶段、分类别教育 社区矫正机构、受委托的司法所对社区矫正对象的分阶段教育，可以根据社区矫正对象在矫正期间心理、行为特征和需求变化的规律，结合教育矫正阶段性工作目标，分为入矫教育、日常教育和解矫前教育三个阶段 社区矫正机构、受委托的司法所对社区矫正对象的分类别教育，可以根据社区矫正对象的犯罪类型、犯罪形式和犯罪情节等情况，在综合开展法治、道德、心理健康等教育活动的基础上，有针对性地采取震撼教育、感化教育、心理辅导和行为训练养成等措施，保证教育矫正实效
	第五十条	社区矫正机构、受委托的司法所按照符合社会公共利益的原则，可以根据社区矫正对象的劳动能力及其年龄、性别、健康状况、技能水平、专业优势等情况，组织其参加公益活动 社区矫正机构、受委托的司法所组织开展公益活动，应当加强对社区矫正对象的管理、保护和纪律教育、安全教育
	第五十二条	执行地县级社区矫正机构、受委托的司法所依法协调有关部门和单位，根据职责分工，对遇到暂时生活困难的社区矫正对象提供临时救助；对就业困难的社区矫正对象提供职业技能培训和就业指导；帮助符合条件的社区矫正对象落实社会保障措施；协助在就学、法律援助等方面遇到困难的社区矫正对象解决问题
	第七十三条	对未成年人实施社区矫正，应当遵循教育、感化、挽救的方针，针对其年龄、心理特点和身心发育需要等特殊情况，制定具体监督管理措施，采取有益于其身心健康发展的方式，开展思想、法制、道德教育和心理辅导，为其就学、就业等提供帮助

续表

法律及规范性文件	内容
《广州市司法社会工作项目体系建设实施方案》 实施日期：2015 年 3 月 5 日	该方案规定，以政府购买服务项目的方式，建立市、区两级项目库，由社会工作机构承接对社区服刑人员的教育矫正、社会适应性帮扶等司法矫治服务工作；市、区两级司法社工项目的经费按照社区服刑人员与社工 20∶1 的比例确定（其中未成年人社区矫正、青少年社区矫正项目以及其他专业要求较高的项目可按 15∶1 的比例确定），每名社工的购买服务经费按每年 10 万元确定，并列入市、区财政公共预算。该方案的出台，标志着广州市司法社会工作保障长效机制的正式确立
《广州市司法社会工作项目购买服务实施细则》 实施日期：2015 年 8 月 4 日	广州市自 2006 年启动社区矫正试点工作，2009 年开始探索通过政府购买服务的方式引入社会力量参与社区矫正工作。2015 年，广州市司法局制定了《广州市司法社会工作项目体系建设实施方案》，广州市司法局、广州市财政局、广州市民政局联合印发了《广州市司法社会工作项目购买服务实施细则》，标志着社会力量参与社区矫正工作在全市全面推广
《广州市司法社会工作服务项目评估办法》 实施日期：2021 年 3 月 19 日	为深入贯彻落实社区矫正法，进一步推动社区矫正社会工作专业化、规范化发展，更加客观、科学地评价项目成效，全面实施政府购买服务绩效管理，提高政府购买服务质量与效益，广州市司法局制定了《广州市司法社会工作服务项目评估办法》

后　记

本书由广州市司法局委托广东省晨曦社会工作服务中心和广州市普爱社会工作服务社联合编撰，特邀中央民族大学民族学与社会学学院教授、中国社会工作教育协会社会工作理论研究专委会主任郭伟和担任顾问。

广东省晨曦社会工作服务中心于2016年在广东省民政厅注册成立，开展实施广东省内多个社区矫正社会工作项目的策划、督导、评估和培训工作，承接广州市未成年人矫治帮扶职业技工学校犯罪预防及督导培训项目，协助广州市司法局搭建司法社工督导专家库，制定全市司法社会工作行业指导性文件；牵手云浮市、汕头市、潮州市、揭阳市、汕尾市、河源市、梅州市等地实施粤东西北地区青少年社区矫正“伙伴同行”计划；承办第二届穗港澳司法社会工作研讨会等。

广州市普爱社会工作服务社成立于2011年，致力于专业化社会工作服务。2013年，普爱探索形成“司法所+社会工作”监管与帮扶有机融合的社区矫正社会工作模式；2015年，与广东省高级人民法院合作实施未成年人庭前审查工作；2016年，开始承接区级司法社会工作项目，服务逐渐覆盖广州市越秀区、黄埔区和番禺区，拥有逾百名具备社会工作、法学和心理学等专业知识和技能的社区矫正社会工作者。多年来，普爱司法社工积极总结提炼社区矫正社会工作服务经验，与前来考察学习的省内外司法系统和同行社会工作服务机构分享交流，撰写20余篇服务案例发表于中国法律网、全国司法社会工作理论与实务研讨会、穗港澳社区矫正社会工作研讨会等官方平台。

本书由长期专注深耕社会工作领域的吴娟博士和拥有丰富社区矫正工作经验的白冬红秘书长担任主编，获得广州市司法局的大力支持和精心指导，局领导多次与主编及编委会成员召开会议专门讨论本书的编写事宜，保证了本书的顺利完成。全书共四章，其中第一章由樊要朋组稿编写，第二章由曾展希组稿编写，第三章由杨晓慧、陈隽、陈金宁组稿编写，第四章由邓文婷组稿编写。感谢各章节负责人在繁忙的工作之余，不遗余力地积极收集资料，认真尽责地完成相应的内容编撰工作。

本书的编撰工作还得到了广州市司法矫治协会、广州大学社会学系刘念老师、广东工业大学政法学院胡芳老师和广东省广信君达律师事务所合伙人丘志新和林晓隆律师团队给予的专业支持。广州市司法矫治协会的陈艳娴、黄小平和普爱社工沈晓馨、莫桂芬、邱翠娴、何嘉颖、陈镇杰、叶彤彤、何嘉鸣和黎芷君等均参与了相关工作。在此，谨对上述单位及个人的辛勤付出，致以衷心的感谢。

编委会

2024 年 5 月于广州